용리단길 요리사
남준영

용리단길 요리사
남준영

남준영 지음

효뜨, 키키, 남박 등
6개 브랜드 창업 성공 스토리

메가스터디BOOKS

keebo

GOOD SON

哥哥

SADCLUB ♥

NAMPARK

모두의 퇴근길은 같다

내 요리사로서의 긴 여정은 호주에서 시작되었다. 제대 후 무작정 떠난 호주에서 아르바이트로 택한 곳이 주방이었고, 그곳에서 미래의 씨앗이 싹을 틔웠다. 주방에서 일했던 이유는 확실한 신념이 있었다기보다 '기술 한 가지 정도는 배워둬야 먹고살 수 있지 않을까?'란 생각을 어렴풋이 하고 있었기 때문이었다.

온종일 설거지를 하고 숙소로 돌아가면 속옷까지 다 젖어 있을 만큼 땀범벅이었다. 힘이 들었고, 어느 순간에는 포기하고 싶기도 했다. 그러나 나는 그 시간을 잘 버텨냈다. 그만큼 절실했기 때문이다. 이런 나의 절실함이 통했던 걸까. 호주에서 체인점 여러 개를 운영하는 이사를 만나면서 경력도 없던 내가 주방을 맡게 되는 행운이 찾아왔다.

인생은 기회의 연속이다. 그런데 우리는 때로 그 기회를 모른

채 지나치거나 알고도 잡지 않고 살아가기도 한다. 워킹홀리데이로 호주에 가자고 약속했던 것은 나를 포함해 3명이었다. 그러나 비행기에 몸을 실은 것은 나 혼자뿐이었다. 다른 2명은 하지 않았지만 내가 한 것은 하고자 마음먹었던 일을 한 것, 그뿐이었다. 그 첫걸음을 시작으로 10여 년이 지난 후의 나는 효뜨, 남박, 꺼거, 키보, 사랑이 뭐길래, 굿손까지 6개의 성공적인 브랜드를 기획한 사람이 되었고, 11개 매장을 운영하는 TTT의 대표가 되었다.

　　20대 때나 지금이나 달라진 것은 없다. 나는 그때도 일했고, 지금도 일하고 있다. 일의 내용은 달라졌을지언정 일하고 있다는 것에는 변함이 없다. 뒤돌아보면 멈춤 없이 달려온, 참으로 숨 가빴던 시간이다. 간혹 휴대전화에 남아 있는 내 모습을 보며 '잘해왔다'라는 생각을 하기도 하지만, 그 순간은 잠시일 뿐 하찮은 상념 따위는 빠르게 공기 중으로 흩어져버린다.

　　우리 모두의 퇴근길은 비슷하다. 말단 사원이든 대기업 임원이든, 성공을 이루었든 아직 달려가는 중이든, 하루를 끝내고 퇴근하는 모든 직장인의 길은 다르지 않다. 때론 고단하고, 때론 소중하고, 때론 고민하고, 때론 행복하다. 나의 10년 전 퇴근길과 오늘의 퇴근길도 마찬가지다. 하루를 고되게 보낸 뒤 많은 고민을 품고 잠이 든다. 그리고 우리는 다시 아침을 맞이하고 조금 더 힘을 내어 다시 일한다.

　　10년 전이나 지금이나 나는 여전히 남준영이다. 그러나 사업을 하며 달라진 것은 분명 있다. 내가 좋아하고 보답하고 싶은 사람들에게 고민 없이 밥을 사줄 수 있게 되었다는 점이다. 주머니가 텅텅 비어 무언가를 해주고 싶어도 해주지 못했던 시기를 생각하면 정말 감사하고 또 감사한 일이다.

팀원에 대한 생각도 달라졌다. 효뜨와 남박을 운영할 때까지만 해도 내게 팀원은 그냥 팀원일 뿐이었다. 하지만 브랜드가 하나씩 늘어나면서 나는 점점 더 큰 책임의 무게를 느낀다. 어떤 직원은 이미 가정을 이루었고, 어떤 직원은 결혼을 준비하고 있고, 어떤 직원은 아르바이트를 하고 독립했다가 다시 돌아오기도 했다. 내가 어떻게 하느냐에 따라 누군가의 삶이 달라질 수 있을 정도의 영향을 미치는 사람이 된 것이다. 그 생각은 나 스스로를 더욱 채찍질하며 앞으로 나아가게 만든다. 그들이 나의 식구이기 때문이다.

창업이 누군가에게는 멀고 험한 산같이 보이기도 하지만 꼭 이루고 싶어 하는 로망이기도 하다. 20대 때의 나도 창업은 넘볼 수 없는 영역이었다. 그러나 지금 내게 창업은 그저 일의 한 가지일 뿐이다. 에베레스트산을 등정한 사람은 대단해 보인다. 아니, 실제 대단하다. 하지만 대부분은 에베레스트산 정상에 깃발을 꽂은 사람을 감탄하며 바라보기만 할 뿐, 스스로 에베레스트산에 오를 생각은 하지 않는다. 자신이 하지 못할 거라는 생각에 지레 포기한다. 산을 오르기 위해서는 산으로 가야 한다. 물론 힘이 들고 고될 것이다. 그러나 묵묵히 오르다 보면 시간이 걸릴지언정 언젠가는 꼭 정상에 도착

한다. 무엇보다 우리가 가야 할 곳은 에베레스트산이 아니다. 지금 우리가 있는 자리에서는 그곳이 멀고 높은 산처럼 보일 수 있지만, 가까이 다가가면 그다지 높지 않을 수도 있고, 가뿐하게 정상에 도달할 수도 있다. 중요한 것은 첫발이다.

내가 이 책을 통해 독자들에게 전달하고 싶은 메시지는 두 가지다. 첫 번째는 좋은 식당을 만드는 법에 대해 말해주고 싶었다. 창업하는 이들이 모두 잘했으면 좋겠고, 성공했으면 좋겠고, 오래 할 수 있는 식당을 기획했으면 좋겠다는 바람을 늘 가지고 있다. 좋은 식당을 운영하기 위해서는 요리사 혹은 식당을 운영하는 오너로서 최소한 지켜야 할 원칙이 있고, 배려가 있어야 한다는 것을 전하고 싶었다. 두 번째는 창업이 생각보다 어렵지 않다는 사실을 이야기하고 싶었다. 창업은 누구나 할 수 있다. 단지, 창업의 어려움을 알기 때문에 도전하지 않는 것은 아닐까. 내게도 창업은 두렵고 높은 산이었지만, 막상 닥쳤을 때 충분히 헤쳐나갈 수 있는 수준이었다. 창업할 때 중요한 것은 도전하고자 하는 의지이다.

부족한 글이지만, 지금도 어딘가에서 열심을 다하고 있을 누군가를 위해 내가 창업하면서 거쳤던 실패와 성공 과정을 이 책에 담았다. 첫발 떼는 데 혹은 과정의 어려움을 극복하는 데 조금이나마 도움이 되길 바란다.

저자 남준영

●

자신이 좋아하는 것을 세상에 내놓았을 때 대중에게 사랑받을 수 있는 감각을 가졌다는 건 큰 축복이다. 남준영 셰프에게는 그 감각이 있다. 그렇다고 그가 자신이 좋아하는 것만 고집했을까? 그렇지 않다. 그는 소비자에게 더 나은 경험을 주기 위해 때로는 자신의 생각을 내려놓기도 한다.

《용리단길 요리사 남준영》에는 남준영 셰프가 자신의 브랜드를 만들어가는 과정, 전부 다른 콘셉트로 각각의 브랜드가 사랑받을 수 있었던 비결이 담겨 있다. 그리고 그가 만든 브랜드가 확장되며 성장하는 모습은, 마치 무언가가 알을 깨고 나와 진화하는 듯한 느낌을 준다.

이 책에서 '여행의 경험을 선사하고 싶다'는 저자의 확고한 생각이 실현되는 모습을 통해 '그의 브랜드가 사랑받는 이유'를 발견할 수 있다. 끊임없이 변화하되 정체성을 잃지 않는 요리사 남준영, 그의 이야기는 창업을 꿈꾸는 사람들에게 도전이 될 것이다.

홍성태 《브랜드로 남는다는 것》 저자, 한양대 명예교수

●

이태원에서 20년 가까이 여러 콘셉트의 가게들을 운영하면서 내 꿈은 홍콩의 란콰이퐁, 뉴욕의 윌리엄스버그, 도쿄의 다이칸야마 거리처럼 많은 사람이 한 동네를 와서 여러 가지 경험을 할 수 있는 멋진 골목을 만드는 거였다. 그 선두에 내가 있을 수 있어 행복했고 이태원 거리에 많은 사람이 찾아와줄 때는 보람이 컸다.

하루는 강아지 한 마리와 아내를 데리고 내 루프톱 바에 매력적인 눈빛의 한 청년이 놀러왔다. 알고 보니 경리단 골목 작은 베트남 식당에서 요리를 하는 셰프였고, 한번은 내가 그 식당에 찾아가 요리에 진심인 그의 모습에 "나랑 같이 가게 하나 할까?" 먼저 제안을 하기도 했다. 이미 다른 동업자와 삼각지에 가게를 내기로 했다고 해서 동업으로는 인연이 되지 못했지만, 그 후 우리는 나이를 떠나 친구가 됐다.

삼각지 뒷골목에 하나둘씩 매력 있는 가게를 만들어가는 남준영 셰프를 보면 기특하면서도 한편으로는 코로나 이후 불경기가 계속되면서 이것저것 걱정되기도 한다. 하지만 음식에 진심이고, 밤잠 아껴가며 몸으로 뛰는 그는 잘 이겨내고 있다. 그 어렵다는 외식업을 하면서 꾸준히 성장하는 이 친구에게는 배울 점이 참 많다. 나의 30대, 40대 때의 열정을 갖고 있는 남 셰프의 앞날에 펼쳐질 인생 스토리가 궁금해진다. 이제는 이태원 전설이라는 내 무거운 짐을, 삼각지 전설이 되어가고 있는 남 셰프에게 바통터치를 할 때다.

"잘해라. 그리고 더 행복한 셰프, 배움 주는 경영인이 되길."

홍석천 《찬란하게 47년》 저자, 방송인

●

　나는 말을 잘 놓는 편이 아니다. 그런데 남준영과는 처음 만난 날부터 말을 놓았다. 개인적으로 죽이 잘 맞기도 했지만, 그만큼 남준영이 사람의 마음을 잘 여는, 수더분한 친구였기 때문이다. 그가 운영하는 식당들의 분위기가 유독 편안한 것도 관련이 있을 것이다.

　남준영의 글은 담백한 게 꼭 그의 식당 같다. 문장이 간결하고 말하는 듯 써놔서 술술 읽힌다. 어느 한갓진 오후에 낮술을 하면서 후루룩 넘기다 보면 순식간에 마지막 페이지가 될 것 같다. (참고로, 장소는 꺼거를 추천한다.) 그렇다고 내용이 가벼운 건 아니다. 이 책에는 남준영이 지금까지 쌓아 올린 역량이 알차게 녹아들어 있다. 외식업에 종사하는 사람이 아니더라도 배울 점이 많다. 특히 꿈은 크고 욕심은 많은데 앞길이 막막한 20대, 나처럼 하루하루가 고달프지만 그렇다고 삶의 낭만과 성장을 포기하고 싶지는 않은 30대라면 일독을 권한다.

　효뜨부터 키보, 남박 등에 이르기까지, 그의 브랜드들은 다 뻔하지 않다. 그렇다고 괴랄하지도 않다. 그가 가진 여러 재능 중 가장 탐나는 것이 이 대중성과 특별함 사이를 꿰차는 균형감각이다. 그리고 나는 그의 균형감각이 항상 진정성 있게 본질에 집중하는 데서 비롯된다고 생각한다. 세상이 워낙 빠르게 변해서 적응하는 데 어려움을 겪고 있는 사람이라면 이 책에서 느끼는 바가 있을 것이다.

　쓰고 보니 극찬에 극찬만 거듭한 것 같다. 하지만 독자들도 책을 읽다 보면 느낄 수밖에 없을 것이다. 그가 진심으로 손님에게 근사한 식사, 위로의 시간을 주고 싶어 한다는 것을.

윤수영 트레바리 대표

●

남준영 셰프는 아주 구체적인 경험의 기억을 설계할 수 있는 기획자다. 미국에서 유학하던 학생들이 아침마다 먹었던 베트남 쌀국수의 기억을, 홍콩의 굽어진 골목에서 현지인들과 섞여서 볶음밥을 먹었던 첫 여행의 기억을, 첫 사랑과 헤어지고 무너져 내리는 감정들을 달래기 위해 옛날 가요를 혼자 듣던 기억을.

남준영 셰프의 공간의 문을 여는 순간, 잊고 있었던 시간과 공간으로 우리는 여행을 시작한다. 이 책 《용리단길 요리사 남준영》에는 향수를 불러일으키는 공간 설계의 비밀이 담겨 있다.

TTTtime to travel라는 회사 이름처럼, 그의 꿈을 그대로 담은 공간에서 우리는 어떤 기억으로의 여행을 또 하게 될지 기대가 된다.

김숙진 CJ제일제당 비비고 브랜드 그룹 경영리더

효
뜨

신용산 본점(2019년 7월 오픈)
분당 정자점 — 효뜨꽌(2020년 10월 오픈)
현대백화점 압구정 본점(2020년 10월 오픈 2023년 1월 종료)
여의도 더현대 백화점(2021년 2월 오픈 2023년 5월 종료)
강남점(2023년 12월 오픈)
수원 스타필드점(2024년 1월 오픈)

효뜨는 '효자'라는 뜻의 베트남어로, 동남아시아 음식을 베이스로 한 요리와 술을 함께 즐길 수 있는 3세대 베트남 비스트로 식당입니다. '본점'은 베트남 하노이의 노상 식당을 그대로 옮겨놓은 듯 현지 분위기를 가장 잘 살린 공간으로 평가받고 있습니다. '분당점'은 호치민의 캐주얼한 레스토랑으로 기획했습니다. 가족 단위 손님이 많은 점을 고려해 보다 편안하게 음식과 공간을 즐길 수 있도록 했습니다. 본점이 하노이, 분당점이 호치민이라면 '강남점'은 유럽권에 있는 베트남 레스토랑의 영향을 받아 기획한 식당입니다. 직장인 상권에 맞게 테이블 회전을 효율성 있게 운영할 수 있도록 시원하고 개방감 있는 공간으로 구성하여 남녀노소 연령대 제한 없이 연인, 가족, 직장인까지 모두 함께할 수 있는 장소입니다.

남
박

남영동 본점(2020년 7월 오픈)

남박은 남준영 셰프의 '남', 박지은 대표의 '박'을 조합해 이름 짓고, 우리가 영위하는 매일의 의식주를 가장 조화롭고 포근하게 느끼길 바라는 마음으로 부부의 경험과 시간을 오롯이 담은 공간입니다. 베트남 현지와 마찬가지로 아침에 열어 점심에 닫는, 오롯이 한 끼로 위안받길 바라는 마음으로 열었고, '할아버지가 되어서도 느리지만 오래갈 수 식당을 하고 싶다'는 저의 첫 번째 꿈이 담긴 곳입니다.

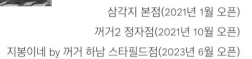

꺼거

삼각지 본점(2021년 1월 오픈)
꺼거2 정자점(2021년 10월 오픈)
지봉이네 by 꺼거 하남 스타필드점(2023년 6월 오픈)

꺼거는 형제를 부르는 말이기도 하지만 국민 남동생 장국영의 애칭이기도 합니다. 중국 골목 모퉁이에 있을 법한 노포 식당을 생각하며 호주 유학 시절 광둥 식당에서 일했던 경험을 살려 만든 짜장면, 짬뽕 없는 퓨전 중식당입니다. 김치찌개나 된장찌개에 부모님을 생각하는 마음이 담기는 것처럼 꺼거는 공간과 음식을 음미하며 소중한 옛 기억들을 회상할 수 있는, 아름답고 찬란했던 추억을 선물하는 곳입니다.

키보

삼각지 본점(2021년 9월 오픈)
키보2 강남 신사점(2022년 8월 오픈)

키보는 희망이라는 뜻으로, 카쿠우치 콘셉트의 일본 선술집입니다. 카쿠우치는 일본 고도 경제 성장기에 후쿠오카현과 키타규수시의 공장 노동자들이 일과를 마치고 집에 돌아가기 전에 가게 모퉁이에서 간단한 안주와 사케를 되로 마시며 가볍게 한잔 즐기는 문화에서 유래했습니다. 우리는 모두 노동자이고, 그런 우리에게 위로를 주는 것은 하루의 끝에 마시는 시원한 맥주 한 잔이 아닐까요. 좁은 가게 구석에서 동료들과 옹기종기 술잔을 나누기도 하고, 때로는 모르는 사람과도 서슴없이 가볍게 대화를 나눌 수 있는 공간, 키보가 그런 즐거운 공간이면 좋겠습니다.

신용산 본점(2022년 6월 오픈)

사랑이 뭐길래는 소중한 시간여행을 보낼 수 있는,
아시안 터치가 듬뿍 들어간 퓨전요리 와인 바입니다.
슬픔은 가장 아름다운 감정입니다. 분명 현재의 슬
픔은 감당하기 어려운 감정 중 하나지만, 시간이 흐
르고 우리들의 슬픈 기억은 가장 소중한 기억이 되
기도 하니까요. 그래서 사랑이 뭐길래 간판에는 'Sad
club'이라고 쓰여 있습니다. 간판만으로는 슬픈 클
럽이 도대체 뭐 하는 곳인지 단번에 알 수 없지만,
1980~2000년대 노래를 듣고 오래전 슬퍼했던 기억
을 행복하게 떠올릴 수 있는 곳, 사랑이 뭐길래는 슬
픔 치료소입니다.

굿
손

용산 직영점(2022년 1월 오픈. 8개 가맹점 운영 중)

굿손은 협업 프랜차이즈 프로젝트 브랜드로, 하노이의 분짜(새콤달콤한 분짜 소스에 야채, 쌀국수, 고기를 적셔 먹는 면요리)와 호치민의 껌승(베트남식 돼지갈비덮밥), 그리고 다양한 맛의 쌀국수와 반미를 누구나 쉽고 편하게 즐길 수 있는 베트남 식당입니다. 동남아 현지 느낌과 유럽풍 디테일이 돋보이는 공간으로, 언제든 트로피컬한 여행의 기분을 느낄 수 있는 장소입니다.

차례

Part 1.

(마인드)
언제나 생각하는, 좋은 식당의 본질

Part 5.

(오너십)
내가 꿈꾸는 건강한 성장

언제나 생각하든,

좋은 식당의 본질

Part 1.

(마인드)

나는 왜
창업을 결심했나

"너, 자기 일 하게 되면 아무 데도 못 가.
쉬지도 못하고, 쉬는 날이 있어도 힘들어서
잠만 자게 될 거야."

첫 가게를 시작할 때 가장 많이 들었던 말이다. 물론 유난히
여행을 좋아하는 나를 걱정하는 마음에 한 말이었을 것이다. 직장인
이 아닌 이상 편의점이든, 카페든, 프리랜서든, 자영업자에게 휴일은
따로 없다. 일한 만큼 수익이 나기 때문이다. 직원을 고용하지 않고
직접 일하면 그만큼 인건비가 남는다는 생각에 홀로 무리하게 일하
는 경우도 많다. 그러다 보니 큰마음을 먹지 않는 이상 자영업자에
게 여행이란 허상과도 같은 존재다.

우리나라는 유독 자영업자가 많다. OECD(경제협력개발기구)에 따르면 한국의 자영업자 비율은 23.5%(자영업자, 무급 가족 종사자)로 OECD 국가 35개국 중 여덟 번째로 높다(2022년 기준)◆. 열 명 중 두세 명은 자영업자라는 말로, 길을 가다가 쉽게 만날 수 있는 사람이 자영업자라는 의미이다. 한국보다 자영업 비율이 높은 국가는 콜롬비아, 브라질, 멕시코, 그리스, 튀르키예, 코스타리카, 칠레 등으로 경제 성장률이 높지 않은 나라가 대부분이다. 미국이나 독일, 영국, 호주, 프랑스, 일본 같은 선진국의 자영업 비율은 10% 전후로 그다지 높지 않다.

자영업 비율이 높은 것은 쇠락하는 경제의 상징이라는 연구 결과가 있다지만, 한국은 좀 특이한 케이스인 것 같다. 분단 이후 급속도로 산업이 발전하면서 양극화가 심해진 탓도 있지만, 아무래도 대기업의 취업 문이 좁아지고, 직장에 매이기보다 자유롭게 자기 일을 꿈꾸는 사람이 많아진 문화 때문인 듯도 하다. 실제로 우리나라의 창업률은 OECD 국가 중 2위라고 한다.◆◆

◆ 〈"아프니까 사장이다" …녹다운 자영업자 [벼랑 끝에 선 자영업]〉, (2023. 10. 09.), 한경 비즈니스.

◆◆ 〈한국, 창업률 OECD 2위지만… 5년 생존 33.8% 불과〉, (2023. 06. 25.), 산업일보.

처음엔 나도 안정적인 직업을 꿈꿨다. 너도나도 공무원이 되겠다고 하니, 공무원이 되면 안정적으로 돈을 벌 수 있을 것 같아 행정학과에 들어갔다. 그런데 공무원이 된 미래의 내 모습이 상상되지 않았다. 최근 MZ세대의 공무원 퇴사율이 계속 증가하고 있다는 뉴스를 접하면서 가끔 이런 생각을 한다.

'만약 내가 공무원이 되었다면 그들처럼 조기 퇴사하지 않았을까?'

진지하게 고민했던 건 아니다. 그러나 먹고살기 위해서 기술이라도 배워두는 것이 노년이 되어서도 굶지 않는 방법이라고 막연하게 생각했고, 뜬구름 잡듯 머릿속으로만 생각하던 그 기술은 내가 보내온 시간과 경험을 통해 요리가 되었다. 그리고 언제부터인가 내 가게를 마음에 담기 시작했다.

지금 시대에 창업은 필수가 아닐까. 물론 직장에서 살아남는 사람도 있겠지만, 그런 사람이 얼마나 될까? 물가는 더 가파르게 상승할 것이고, 직장생활은 더욱 불안해질 것이다. 직장이 있는 사람도 N잡을 고민하고 파이프라인을 꿈꾼다. 은퇴 이후에 프랜차이즈 치킨집을 할지 말지 고민하는 퇴직자가 넘쳐나고, 한창 일할 수 있는 나이인데 불구하고 예상치 못하게 명예퇴직한 실직자가 일자리를 찾아 헤맨다. 그렇다면 누군가의 직원으로 열심히 일할 바에야 차라리 그 열정을 하루라도 빨리 내 회사를 위해 쏟아붓는 것이 낫지 않을까? 나는 이 생각을 오래전부터 갖고 있었다.

물론 현실은 전쟁터나 마찬가지다. 수많은 사람과 경쟁해야 하고, 하루하루를 치열하게 살지 않으면 살아남을 수 없다. 비단 창업만 그런 건 아닐 것이다. 치열하지 않고 성공할 수 있는 삶이 어디 있겠는가.

돈을 버는 목적은 먹고살기 위해, 결혼하기 위해, 자녀 양육 혹은 부모 봉양을 하기 위해 등 각자 다르지만, 나는 여행하기 위해 돈을 번다. 내가 번 돈으로 여행할 때가 가장 행복하기 때문이다. 일상에서 벗어나 새로움을 경험하고, 누군가와 추억을 만들고, 그 기억을 쌓아가는 시간이 정말 소중하다. 그리고 여행 속에서 새로운 에너지를 얻는다. 많은 사람이 여행하는 이유도 나와 비슷하지 않을까? 여행의 경험이 각자 다르기도 하고 쉽게 잊히기도 하겠지만, 여행을 통해 삶을 느끼고, 배우고, 힘을 얻는 것은 모두 마찬가지일 것이다.

나의 가게는 여행했던 순간의 즐거움과 행복을 떠올렸으면 하는 기대, 내 경험을 공감하는 공통분모가 있을 것이라는 믿음에서 출발했다. 얼마나 잘될지, 잘 팔릴지를 고민하지 않았다. 내가 만든 공간은 익숙한 현실에서 한 발자국 떨어진, 여행지에서 느끼는 '좋은 낯섦'을 경험하는 곳이었으면 했다. 낯설지만 기분 좋은 감각, 눈부

신 경험 말이다. 그리고 그것을 재현하는 데 심혈을 기울였다.

사람들의 우려와 달리, 나는 지금도 틈만 나면 짐을 꾸린다. 내가 느끼는 오감을 통해 바람과 햇빛과 초록의 아름다움을 경험하고 싶기 때문이며, 여전히 여행에서의 감성을 사람들과 나누고 싶기 때문이다.

나를 창업으로 이끈,
작은 성공의 맛

내게 창업은 친구 같은 존재다. 보통은 무심코 지나가겠지만, 내겐 모든 길이, 모든 골목이, 모든 건물의 속사정이 궁금하다. 공사 중인 곳을 볼 때면 여기에 어떤 가게가 들어올지 호기심이 생기고, 만약 그 공간에 내가 가게를 차린다면 무엇을 할지 상상한다. 좋은 자리라면 저곳에서 무엇을 할지 궁리하고, 좋지 않은 자리는 그곳에 가게를 낼 주인이 어떻게 운영할지 걱정이 앞선다.

독특한 소재의 인테리어 소품을 보면 눈이 번쩍 뜨이고, 예쁜 컬러 조합을 발견하면 그 색감을 어디에 활용하면 좋을지 뇌가 빠르게 가동된다. 길을 걸어도, 여행(출장)을 가도, 회의 중에도 내 머릿속에는 온통 일 생각으로 가득 차 있다. 원대하게는 하나의 브랜드로 주변 환경이 바뀌는 상황까지 꿈꾸기도 한다. 그렇게 창업은 늘 내게 가까이 있다.

'온통 창업에 집중해야만 하는가?'라고 묻는다면, 내 대답은 '그렇다'이다. 창업은 치열한 생존 게임이다. 자영업자의 1년 생존율은 78.9%이지만, 3년째는 45.6%로 절반이 사라지고, 5년 동안 살아남은 자영업자는 31.4%, 10명 중 3명에 지나지 않는다.♦

그렇다고 두려워할 필요는 없다. 창업은 어렵지 않다. 배움이 짧고 생각이 깊지 않은 나도 해낸 일이다. 중요한 것은 하겠다는 의지와 해낼 수 있다는 확신이다. 가진 것 하나 없고, 아는 이 하나 없던 내가 서울에서 창업한다는 것은 무모하고도 두려운 도전이었다. 하지만 목표를 세우고 그 목표를 달성해가면서 작은 경험들이 쌓였고, 그 경험들이 모여 지금의 나를 만들었다.

어릴 때 우리 집은 가난했다. 아버지는 어부였고, 어머니는 속초 바닷가 작은 횟집에서 일하셨다. 어부인 아버지는 수입이 일정치 않아 어머니가 혼자 버는 외벌이나 마찬가지였다. 한 번도 살림이 풍족했던 적이 없었고, 그러다 보니 불안정한 삶을 살았다.

고백하자면 나는 고등학교 졸업 후에도 'student'라는 단어조차 제대로 읽지 못했다. 이런저런 핑계를 댈 필요조차 없이 나는 그냥 공부를 하지 않았다. 공부해야 하는 이유도 몰랐고, 필요성도 느

♦ 〈"삼겹살 팔 바엔 사겹살 팔아라" …자영업 끝판왕의 생존 비법〉, (2023. 11. 12.), 한국경제

끼지 못했다. 공부해야 하는 이유를 설명해주는 사람도 없었다. 인생에 대해 깊이 생각할 정도로 내 머리가 그렇게 굵지도 못했다. 그나마 어른이 되어 먹고살 것은 걱정되어서 한창 놀 나이인 중학교 3학년 때 태권도 선수를 지원했고, 머리까지 빡빡 밀고 태권도 선수로 고등학교에 진학했다. 그리고 고등학교 2학년 말 합숙비가 없다는 핑계로 선수 생활을 접었다.

　인생의 전개는 예측 불가능이다. 공부와 담을 쌓았던 내가 대학에 들어갔다. 당연히 우수한 성적으로 간 게 아니고, 수시모집, 그것도 예비로 합격했다. 당시 속초에서 강릉의 4년제 대학 합격은 대단한 일이어서 부모님은 빚을 내어 입학금을 마련해주셨다. 그러나 대학 생활은 내게 사치였다. 기숙사에 들어갈 돈이 없어 친구들의 자취방을 전전해야 했고, 학자금 대출이 밀려 항상 전전긍긍해야만 했다. 캠퍼스 로망은 나와 거리가 먼 단어였고, 눈물 없이는 들을 수 없는 혹독한 청춘이 내게 할당된 몫이었다. 한번은 은행에 가서 교통카드를 만들려다 신용이 낮아 안 된다고 거절당했던 적도 있었다. 그리고 이런 과정을 겪으며 나는 일찍 철이 들었던 것 같다.

　대학 입학 후 1년이 지난 2008년, 나는 입대를 했다. 입대 전 특수 보직을 신청했는데, 흔히 꿀보직이라고 하는 사령부의 행정병으로 발탁되었다. 사령부는 고학력자의 엘리트가 모이는 곳이다. 다들 책을 읽거나 자기계발을 했는데, 그때 처음으로 공부하는 사람들의 모습을 제대로 보게 되었다. 그들을 보며 나도 무언가를 해야 할 것 같은 자극을 받았다. 나는 목표를 세웠다.

제대 전까지 책 100권을 읽을 것.

어쩌면 이것이 내 인생의 첫 도전이었다. 당시 군 복무 기간은 약 97주였는데, 일주일에 1권만 읽는다면 충분히 100권을 채울 수 있는 시간이었다. 그렇지만 책과 거리가 멀었던 내게 100이라는 숫자는 멀고도 높은 목표였다. 다행히 행정병은 하루에 평균 4~5시간 책을 읽을 수 있는 여유가 있었고, 군으로 들어오는 책을 가장 먼저 받아보는 보직이기도 했다. 나는 연등♦을 신청해 하루에 2시간의 자유 시간을 얻었고, 그 시간에도 책을 읽었다. 소설, 경제, 역사, 에세이, 문학 등 장르를 가리지 않고 닥치는 대로 책을 읽었고, 제대할 때는 내 목표였던 100권을 훌쩍 넘어 약 260권의 책을 읽을 수 있었다.

한 가지 목표를 이루니 영어를 배워야겠다는 생각이 들었다. 하지만 내가 영어 공부를 잘할 수 있을지 겁이 났다. 공부를 해본 적 없었기에 영어를 배우려면 초·중·고등학교 12년간의 공부를 새로 시작해야 했다. 막막했다. 그럼에도 불구하고 제대하고 나면 두 번 다

♦ 취침 시간인 밤 22시 이후 당직사관의 허락을 받고
   다른 일을 할 수 있는 것을 말한다.

시 기회가 없을지도 모른다는 생각에 눈 딱 감고 영어에 도전하기로 마음먹었다. 군대 동기를 설득했고, 다행히 그 친구가 내게 영어를 가르쳐주었다.

당시 내가 어느 정도의 실력이었냐면, 영어를 배우면서 'the'를 보며 "이걸 왜 '더'라고 읽어?"라고 물어볼 정도였다. 어린아이 같은 순수한 궁금증이었으나 동기는 황당해하면서 읽는 법이 궁금하면 영어영문학과에 가서 언어학을 전공하라고 했다. 그 순간 알았다. 그저 외우면 되는 것임을. '아, 영어가 별것 아니구나. 그냥 외우기만 하면 할 수 있구나'라는 것을 깨달았다.

지금 군대에서 읽었던 책 내용을 모두 기억하고 있는 것도 아니고, 영어를 유창하게 잘하게 된 것도 아니다. 하지만 군대에서의 경험은 영어에 대한 두려움을 떨쳐내게 했고, 그때 읽었던 책이 내재화되어 지금 나의 대화, 행동에 스며들었다고 종종 느낀다. 결론적으로 책과 영어는 군대에서 겪은 작은 성공이었고, 이때의 깨달음은 사회생활을 하면서 내게 큰 힘이 되었다.

창업도 마찬가지다. 브랜드를 여러 개 성공시켜본 나이지만, 만약 내게 지금 미국으로 진출해 레스토랑을 차리라고 하면 암담할 것이다. 하지만 나는 안다. 높아 보이는 산도 한 걸음씩 전진하다 보면 정상에 도달할 수 있다는 것을. 작은 성공을 하나씩 이루다 보면 언젠가는 큰 성공에 이를 수 있음을.

Nam's Diary

2023. 4. 28.

사람에게 인격이 있듯 분재에는 수격이 있다고 한다.

삼성 분재원에 다녀왔다. 선대 회장님으로부터 지금까지
관리하며 뜻을 이어가고 있는 곳이다.

일반 사람들에게는 공개되지 않는 곳에서 깊은 경험을 하고 왔다.

좋은 환경에서 자란 나무는 직선의 형태다.
이날 본 것들은 300년, 500년 수령….
일반 나무들과 비교하면 모양새가 곱지만은 않다.

높은 산 바위에서 좋지 못한 환경과 자연 속에서 꿋꿋이 버티며
세월을 견딘 모습이 자연스러움이 아닌가 싶다.
그게 아름다움이고.

거기에 사람의 정성을 더한 것이 분재가 아닐까.
바로 자연의 선.

본받자!

코로나 때
매장을 론칭한 실행력

나는 어릴 때부터 하나에 꽂히면 무조건 했다. 고민보다 일단 저지르고 보는 성격이었다. 그래서인지 직원들은 나를 '독불장군'이라고 부른다. 내 마음대로 일을 처리해서 붙여진 별명이 아니다. '설마 하겠어?' 하는 일을 '뭐야, 진짜 하잖아?'라고 할 만큼 실행하기 때문이다.

2019년 7월, '효뜨'를 론칭하고 반년도 채 지나지 않아 코로나가 터졌다. 이후 코로나가 한창일 때 '남박'(2020), '꺼거'(2021), '키보'(2021), '사랑이 뭐길래'(2022), '굿손'(2022) 이렇게 6개의 브랜드를 론칭했다. 다른 식당이 손님이 없어 폐업을 고민할 때도 코로나라서 몸을 움츠릴 때도 나는 브랜드를 기획했다. 많은 사람이 코로나로 사람들이 여행을 떠나지 못하니까 여행 콘셉트로 가게를 오픈한 거냐고 내게 묻는다. 아니다. 나는 효뜨 론칭 전까지 부동산을 보러 다닌 적도 없고, 브랜딩이라는 단어도 몰랐다. 하고 싶은 것이 있었고, 기회가 닿았기 때문에 브랜드를 론칭한 것뿐이다. 오히려 코로나였기 때문에 부담이 없었다. 내가 효뜨를 창업했을 때 들어간 돈은 보증금 5천만 원, 권리금 3천만 원이었다. 지금은 보증금 1억 원에, 권리금만 2억 원이다. 신사동 가로수길에 키보를 오픈할 때 6천만 원이었던 권리금이 지금은 세 배 정도 올랐다. 남들 눈에는 내가 운이 좋은 걸로 보일 수도 있을 것이다. 하지만 운이 아니다. 나는 그저 내가 하고 싶은 것을 '했을' 뿐이다.

효뜨와 꺼거는 20대 초반 워킹홀리데이로 2년간 호주에 있을 때 광동식당과 중식당에서 일한 경험에서 비롯되었다고 할 수 있다. 한국에 돌아와서도 아시안 요리와 동남아 요리를 계속했고, 그렇게 나의 첫 가게를 베트남 식당으로 결정했으니 말이다. 물론 첫 가게를 오픈하기 직전, 베트남에서 한 달 동안 머무르며 여행했던 경험도 영향을 미쳤을 것이라고 생각한다. 베트남에서의 여운이 채 가시지 않은 상태였기 때문이다.

나는 베트남 요리에는 쌀국수와 월남쌈만 있는 것이 아니라 더 풍요롭고 다채로운 요리가 있다는 것을 알려주고 싶었다. 식당을 가득 채운 베트남 요리의 향과 감성으로 베트남 특유의 살가운 소란스러움과 친근함을 전하고 싶었다. 그리고 베트남 혹은 중국과도 전

혀 다른 홍콩만의 맛과 분위기도 많은 사람이 알아주었으면 했다. 내가 초대하는 호스트가 되고, 초대받은 소비자가 게스트로 요리를 즐기며, 그 안에서 내가 느낀 여행의 감성을 공유해주었으면 했다. 그렇게 효뜨와 꺼거가 만들어졌다.

사업을 하다 보면 인내할 수 있어야 한다. 세상에 있을 수 없는 일은 없고, 일어날 일은 일어나게 되어 있다. 열 번을 실패해도 한 번의 성공을 기다릴 줄 안다면 그것이야말로 성공의 길이 된다. 문제는 실행력이다. 언변이 뛰어나고 기획력도 좋은, 나보다 훨씬 능력이 출중한 사람은 많다. 하지만 시작이 없으면 그 어떤 결과도 가져올 수 없다.

창업한다고 했을 때 지인들은 내게 "좀 더 배워라", "좀 더 신중해라"라는 말을 많이 했다. 나는 직장생활을 하다 갑자기 뛰쳐나와 독립을 한 게 아니다. 10년이 넘는 시간 동안 오로지 요리만 파고들었고, 그 시간은 나를 탄탄하게 만들어줬을 뿐 아니라 힘이 되어주었다. 확신이 있으면 고민하지 않는다. 확신이 없을 때 고민하게 된다.

동네에서 사랑받아야
성공한다

포메인Phomein, 포베이PhoBay 같은 브랜드가 우리나라에 쌀국수를 알렸고, 지금은 쌀국수라는 카테고리가 한식 못지않게 K-푸드화되었다. 그러나 불과 5~6년 전만 해도 베트남 요리는 우리나라에서 대중적인 음식이 아니었다. 그나마 에머이Emoi 같은 브랜드가 생기면서 쌀국수뿐 아니라 분짜(쌀국수에 돼지고기 숯불구이와 채소를 넣어서 함께 먹는 베트남 요리), 반쎄오(얇게 구운 반죽에 고기와 채소를 채워 넣어서 먹는 베트남의 부침개 요리) 같은 로컬 음식이 소개되면서 베트남 요리에 대한 거부 반응이 많이 줄어들긴 했지만, 여전히 점심시간에 간단하게 먹거나 다이어트식이라는 인식이 팽배해 있었다.

베트남은 북쪽으로 중국과 면해 있고, 역사상 프랑스의 식민지 지배를 받아 요리도 중국과 프랑스의 영향을 많이 받았다. 또한 채소가 없으면 밥 먹은 것 같지 않다는 말이 있을 정도로, 베트남 요리는 채소를 다양하게 사용한다. 외국에서는 많은 사람이 베트남 식당에서 요리와 와인을 즐기며 담소를 나누는데, 그래서 나는 제대로 된 베트남 요리를 즐길 수 있는 비스트로_{Bistro}♦ 개념의 베트남 식당을 선보이고 싶었다.

가게 선정을 위해 이곳저곳을 돌아다니다 신용산에서 발길이 멈췄다. 국방부, 아모레퍼시픽, LS 등의 대기업 외에도 작은 회사들이 많이 몰려 있었다. 비록 이곳이 핫플은 아니었지만, 나는 승부를 걸어볼 만하다고 생각했다.

처음 효뜨는 쌀국수를 9천 원에 판매했다. 가게를 오픈하고 난 후 얼마 지나지 않아 어떤 손님이 "이 동네에서 이 가격에 팔아서 장사 되겠어요? 저쪽 집은 백반을 8천 원에 파는데"라며 비아냥거렸다. 그런 말을 듣고 흔들리지 않을 수 없었다. 10년간 주방에서 일했지만, 사장의 위치에서 식당을 바라본 것이 아니었기 때문에 모든 일이 초보자와 다름없었다.

가게를 오픈하면 처음 3개월은 불특정 다수의 고객이 정말 많

♦   음식과 와인을 제공하는 작은 규모의 프랑스 파리식 식당을
     가리키는 말. 정식 요리를 판매하는 레스토랑에 비해 상대
     적으로 저렴하며 격식을 덜 차리고 편안하게 먹을 수 있다.

Part I. (마인드) 언제나 생각하는, 좋은 식당의 본질

이 찾는다. 브랜드를 알고 찾아오기보다 새로운 가게가 생겨서, 혹은 그냥 들어와 보는 것이다. 때문에 그 손님들이 내 손님인지 아닌지를 파악하기란 쉽지 않다. 하지만 창업 초짜였던 나는 그런 사실을 알지 못했다. 오로지 성공해야 한다는 생각만으로 손님 한 명 한 명을 대했다. 손님들이 내 가게가 좋아서 찾아왔을 것으로 착각했다. 그래서 '내가 단가 계산을 잘못한 건 아닐까, 지금이라도 수정해야 할까' 마음이 심하게 흔들렸다. 말 한마디에 판단력이 흐려진 것이다.

식당은 동네 사람들에게 사랑받아야 오래갈 수 있다. 멀리서 찾아오는 손님도 중요하지만, 주변에 있는 사람들로부터 사랑받지 않으면 장수할 수 없다. 나는 수많은 생각 끝에 진짜 내 손님에게 집중하자고 결심했다. 주변 직장인들이 적당한 가격, 괜찮은 맛으로 '일주일에 한 번은 찾을 수 있는 식당'을 만들기 위해 많은 고민을 했고, 그러기 위해서는 먼저 점심 메뉴를 인정받아야 했다. 점심이 성공적이면 저녁도 활성화될 수 있고, 저녁이 활성화되면 외부에서도 찾아올 수 있는 기회가 생긴다. 따라서 점심을 성공시키기 위해서 가장 기본인 두 가지에 집중했다.

첫째, 요리가 빠르게 나와야 한다.
둘째, 맛있게 먹을 수 있어야 한다.

점심시간에 주문 후 요리가 나오는 데 10분 이상 걸리면 사람들이 좋아하지 않는다. 나는 직장인들의 입맛에 맞게, 5분 이내에 요리가 나오도록 메뉴를 재정비하는 등 여러 가지 부분에 신경을 썼다.

장사하다 보면 귀가 얇아지는 일이 비일비재하다. SNS 등을 통해 손님들의 후기나 댓글을 계속 모니터링하면 더더욱 그렇다. 좋은 평가만 올라오는 것은 아니기 때문에, 개업 초기에는 그런 댓글 하나하나가 마음의 상처가 된다. 그렇다고 손님의 말이 틀린 것은 아니다. 손님이 짜다고 하면 짠 것이고, 맛없다고 하면 맛이 없는 것이다. 다만 사람의 기호와 입맛이 각양각색이기 때문에 자신의 입맛에 맞지 않으면 나쁘다고 표현하기도 하고, 오해가 생겨 잘못된 평가가 올라오는 경우도 생기는 것이다.

사업 초창기에는 이런 부분에 대해 정말 많이 고민했다.

'간을 좀 더 약하게 해야 하나?'

'다른 재료를 써야 하나?'

'새로 메뉴를 개발해야 하나?'

그러나 곧 마음을 고쳐먹었다. 100명의 입맛을 다 맞출 수는 없다. 가장 평균치에 근접하다고 생각되는 맛에 맞춰 만든 메뉴이므로 100명 중 10~20명은 감수하고 가야 한다. 흔들려서는 안 된다. 손님들이 주문할 때 "저희 매장에 오신 적이 있나요?", "이 메뉴는 일반적이지 않은데, 익숙하지 않다면 좀 더 일반적인 메뉴를 추천해 드려도 될까요?"라며 소통하면 된다.

손님의 말을 귀담아듣고 바꿔야 할 것이 있다면 받아들여야 한다. 그러나 온갖 말에 휘둘리다 보면 브랜드의 색깔을 잃어버릴 수 있다. 작은 일에 신경 쓰면 큰일을 못하게 된다.

'어떤 비판에 집중할 것인가.'

그 판단도 온전히 사장의 몫이다.

오래가는 식당은
늘 본질을 고민한다

식당은 네 가지로 나눠볼 수 있다.

첫째, 고정비(인건비, 월세, 기타 비용)와 재료비가 비싼 식당.

둘째, 고정비가 비싸고 재료비는 싼 식당.

셋째, 고정비는 싸고 재료비는 비싼 식당.

넷째, 고정비도 싸고 재료비도 싼 식당.

물론 식당의 위치나 크기, 그에 따른 인건비 등 여러 조건에 따라 달라질 수는 있지만, 내가 생각하는 좋은 식당의 기준은 '셋째, 고정비는 싸고 재료비는 비싼 식당'이다. 재료비가 비싸면 업주가 아니라 소비자에게 좋다. 그만큼 소비자에게 좋은 음식을 제공한다는 의미이기 때문이다. 재료비가 많이 들어가는 만큼 요리의 품질이 좋

을 수밖에 없을 것이다.

그렇다면 나머지 세 경우는 어떨까. 첫째로 고정비와 재료비가 모두 비싼 식당은 호텔이나 최고급 레스토랑 같은 곳이다. 제반 경비가 많이 들어가니 음식값은 당연히 비쌀 수밖에 없고, 인테리어 역시 고급일 것이다. 경험이 없거나 자금이 없는 이상 도전하기 쉽지 않다. 둘째와 넷째 같은 경우, 식당을 운영하는 주인의 철학에 의한 것이겠지만, 재료비가 싸면서 좋은 요리가 나오기란 쉽지 않다.

식당의 음식값은 상권에 따라 결정된다. 내가 한 끼에 이 정도의 돈을 쓸 수 있느냐 없느냐에 따라 결정되는 것이다. 가장 좋은 것은 재룟값을 많이 들이지 않고 맛있게 만드는 것이지만, 그런 경우는 많지 않다. 보통 식당의 푸드 코스트는 매출액의 30%를 넘지 않는다. 좋은 재료를 쓰면 좋은 음식이 나오지만, 좋은 음식에만 집착하면 푸드 코스트가 30%가 넘어버린다. 소비자 입장에서는 재료비가 비싼 것이 가장 좋겠지만, 이익이 남지 않으면 식당을 운영할 이유가 없다.

내가 생각하는 가장 좋은 식당의 기준에 딱 맞아떨어지는 곳은 남박이다. 남박은 한우 쌀국숫집이다. 베트남 쌀국수가 맛있으려면 생면도 중요하지만, 그보다는 현지에서 생산하는 생고기와 뼈로 우린 육수가 정말 중요하다. 솔직히 말해 남박의 쌀국수는 하노이 쌀국수와 조금 다르다. 이탈리안 파스타도 그렇고, 베트남 쌀국수도

그렇고, 진정한 현지 맛을 내기 위해서는 재료를 직수입해야 한다. 한국에서 현지식의 맛을 그대로 표현하기 어려운 것은 재료가 다르기 때문이다. 그 땅에서 나는 재료로 요리해야 훨씬 더 맛있고 풍미가 좋은 요리를 할 수 있다. 따라서 현지의 맛을 따라가지 못하는 것은 어찌 보면 당연한 일이다.

나는 현지식과 맛이 다르더라도 한우의 신선한 뼈와 고기로 육수를 낸다면 베트남 쌀국수보다 훨씬 더 깊은 맛을 표현할 수 있지 않을까 기대했다. 그러다 보니 남박은 재료비 비중이 높을 수밖에 없었고, 그런 이유로 초창기에 수익이 나지 않았던 것도 사실이다. 그럼에도 남박을 유지할 수 있었던 이유는 고정비가 적었기 때문이다. 메뉴는 한 가지밖에 없었고, 요리도, 서빙도, 운영도 나 혼자 했다.

많은 사람이 창업하면 바로 수익이 나기를 바란다. 물론 나도 마찬가지다. 하지만 당장 내가 생각하는 만큼 수익이 오르지 않는다고 해서 바로 포기하거나 처음 생각했던 콘셉트를 바꿔서는 안 된다. 흔들린다는 것은 그만큼 치열하게 고민하지 않았다는 증거다. 내가 하고자 하는 바가 명확하다면 손해 보지 않는 수준에서 운영하되, 1~2년 뒤 브랜드 인지도가 올라갔을 때 그 브랜드를 어떻게 활용할 것인지 고민해야 한다. 즉 좋은 식당을 먼저 만드는 것이 우선이라는 것이다. 좋은 식당을 만들어놓으면 콘텐츠 IP(지식재산권, Intellectual Property)를 활용해 2호점, 3호점을 낼 수도 있고, 제품을 개발하는 등 많은 일을 할 수 있다.

홍콩에는 스피크이지 바Speakeasy Bar라는 곳이 있다. 불특정 다수에게 공개하지 않고, 홍보도 하지 않는 비밀스러운 가게다. 비밀스러운 공간과 홍콩에서만 느낄 수 있는 분위기 때문에 현지인은 물론 여행객도 스피크이지 바를 많이 찾는다. 많은 사람이 찾다 보니 스피크이지 바는 경쟁하듯 서서히 발전해왔고, 지금도 계속해서 바가 생겨나고 있다.

홍콩의 스피크이지 바가 변해가는 모습을 보면서 나는 '본질을 놓치고 있는 건 아닐까?'라는 생각을 하곤 한다. 내가 전달하고자 하는 메시지를 그저 시각적인 것에만 치중한다면 사람들은 금세 싫증을 느끼거나 무료해할 것이다. 그렇다면 이 문제를 어떻게 해결할 수 있을까? 나는 '스피크이지 바를 아주 단순화하면 어떨까?' 하고 생각해본다. 차라리 음악도 없고 술에 집중할 수 있게 꾸미는 것이다. 어디까지나 나 혼자만의 생각이지만, 오히려 그런 단순함 때문에 사람들이 더 찾지 않을까.

SNS를 보면 이런 생각이 드는 것도 무리는 아니다. 처음 인스타그램이 생겼을 때 맛집 게시물이 올라오면 그게 너무 멋지고 재미있었다. 하지만 지금은 맛집이 너무 많아 화려하고 멋을 부린 수많은 콘텐츠를 계속해서 보기가 힘들다. 그러다 보니 지금은 자신이 전달하고자 하는 메시지를 단순화해서 만드는 게 좋을지도 모른다고 생각하게 됐다.

앞으로 끼니를 해결하는 기능적인 시장은 더욱더 단순해지고 편리해질 것이다. 그와 동시에 공간과 콘텐츠는 무한히 발전할 것이다. 창업에서 중요한 것은 본질이다. 브랜딩, 기획을 하기에 앞서 '왜' 이 일을 하려는지 객관화해서 바라볼 필요가 있다. 브랜드를 만든다는 것은 한 번의 이벤트성이 아니라 지속 가능성을 위해서다. 식당이 오래가기를 원한다면 본질부터 먼저 고민해야 한다.

Nam's Diary

2023. 3. 19.

남박의 아침 세트 메뉴를 다시 기획한다.

조금 더 건강하고 따뜻한 한 끼를 위해
베트남식 반찬을 곁들인 반상을 만들고 있다.

채소 메뉴와 관련해서는 김희종 선생님의 절임을
구성에 넣어볼까 한다.

맛있는 아침 식사를 선보일 생각에 설렌다.

동업을
생각한다면

첫 브랜드 효뜨는 사업 제안을 받게 되면서 시작할 수 있었다. 알고 지내던 셰프가 동업을 제안했고, 결혼 후 아내와 함께 떠났던 두 번째 호주 여행에서 막 돌아와 백수 상태였던 나는 흔쾌히 수락했다. 물론 내가 창업을 쉽게 결정할 수 있었던 것은 사업을 해야겠다는 생각을 오래전부터 해왔었고, 호주로 떠나기 전 그 마음을 굳히고 있던 차였기 때문이다. 상권을 돌아보고, 가게를 물색해 계약하는 데까지 딱 일주일이 걸렸다. 많은 사람이 어떻게 그렇게 빨리 결정을 내릴 수 있었느냐고 놀라곤 하는데, 하고 싶은 일을 계속 마음에 담아두고 있었기에 가능한 일이었다. 그러나 결론적으로 나의 동업은 2023년 여름에 서류상으로 완전히 종료되었다. 그리고 효뜨는 100퍼센트 TTT♦ 소유의 브랜드가 되었다.

동업은 생각보다 쉽지 않기에 누군가 동업한다고 하면 많은 사람이 말리기도 한다. 하지만 동업의 장점은 분명 있다. 가장 큰 장점은, 혼자보다는 둘이 시작하는 것이 심리적 의지가 되어 창업의 벽을 쉽게 넘을 수 있다는 점이다. 창업하면 자질구레한 청소부터 회계, 홍보, 매장 관리, 소비자 응대 등 생각했던 것 이상으로 할 일이 많다. 그 모든 것을 혼자서 결정하고 처리해야 한다고 생각하면 막막하지만, 누군가와 함께 크고 작은 일을 상의하기도 하고 책임도 나누어 진다고 생각하면 의지가 된다.

동업의 단점도 존재한다. 처음에 열정을 가지고 의기투합해서 시작하더라도, 현실적인 문제에 부딪히면 다양한 갈등이 생겨난다. 나만 일하고, 상대는 일을 별로 하지 않는다는 식의 정량적으로 가늠하기 어려운 일부터 사업 철학의 차이 등의 이유가 적잖게 생긴다. 동업자와는 항상 많은 대화를 나누고 논의해야 하는데, 입장 차이가 나다 보면 마음이 상하면서 태도가 달라지고, 결국 문제의 핵심은 사라지고 감정적으로 변질되는 경우가 많다. 오죽하면 동업은 잘돼도 문제, 못돼도 문제라고 할까.

동업을 준비하는 누군가는 서로 아주 친한 친구 사이고, 오래

♦   늘어나는 매장을 일원화하여 잘 관리하기 위해
　　2023년에 만든 회사다.

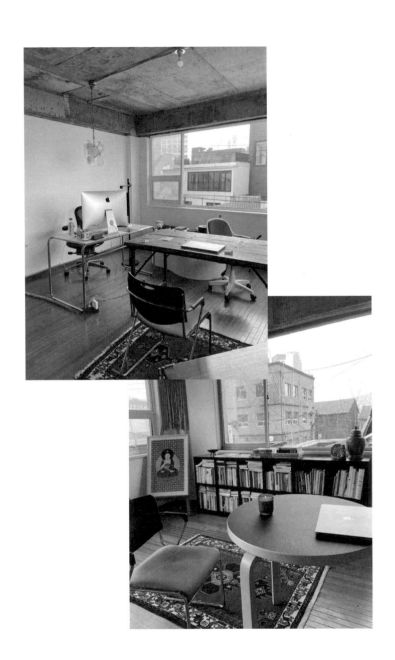

Part 1.   (마인드) 언제나 생각하는, 좋은 식당의 본질

알고 지낸 지인이라는 이유로 '우리는 그럴 리 없어' 하고 생각할지도 모르겠다. 하지만 분쟁은 무조건 일어날 수밖에 없다. 사랑과 존중이 있는 연인도 싸우고, 부부도 싸우고, 가족끼리도 싸운다. 돈과 사업이라는 하나의 목표가 있어도 갈등이 전혀 없을 수는 없다. 아니, 없는 게 더 이상하다. 따라서 동업을 결정할 때는 몇 가지 주의해야 할 사항이 있다.

첫 번째, 가치관과 방향성이 같아야 한다. 사업을 잘 해서 돈을 벌어야 한다는 목표는 똑같겠지만, 문제는 '어떤 방향으로 돈을 버는가'에 있다. 사업이 잘되면 브랜드를 프랜차이즈화하고 싶어 하는 사람도 있지만, 그보다는 개성 있고 새로운 브랜드를 만들고 싶어 하는 사람도 있다. 이런 가치관의 갭이 크면 클수록 골은 깊어질 수밖에 없다. 그러므로 동업 전은 물론, 동업 중에도 서로의 사업 철학에 대해 지속적으로 대화할 수 있는 길을 마련해야 한다.

두 번째, 업무 분담이 명확해야 한다. 각자 맡은 업무가 겹치면 안 된다. 한 사람이 주방을 맡으면, 한 사람은 마케팅이나 매장 혹은 협력 업체 관리 등을 담당해서 업무를 확실하게 구분해야 한다. 옷 가게를 한다면 한 사람이 옷 매입을 책임지고, 다른 한 사람이 소비자 응대, 발송, 홍보를 하는 등 업무 영역이 달라야 하는 것이다. 그래야 소모적인 논쟁이 없다.

세 번째, 계약서를 작성해야 한다. 나는 동업을 시작할 때 '수익을 5:5로 하자'는 식으로 몇몇 사항에 대해서만 간단하게 구두상으로 약속했었다. 계약서를 쓰는 방법도 몰랐고, 계약서의 중요성도 몰랐다. 그런데 실질적으로 일을 진행하다 보면 상황이 계속 바뀌고, 조건도 수시로 변한다. 이때 계약서가 없으면 서로 기억하고 있는 조건이 달라지고 확인할 길이 없다. 따라서 계약서를 쓸 때는 각자의 지분, 수익 분배, 재투자, 직원 고용, 월급일, 사업 확대 시 논의 방법, 재계약을 포함한 동업 기간, 동업자와 결별할 때 어떻게 할 것인가에 대한 사항을 포함해 세세한 부분까지 정해놓고 시작하는 것이 좋다. 처음 동업하면서 계약서를 쓰면 수익 분배, 업무 분담 외에는 쓸 내용이 없을지도 모른다. 아는 것이 없기 때문이다. 그럼에도 꼭 쓰라고 하는 것은, 이조차도 제대로 안 되는 경우가 허다하기 때문이다. 나중에서야 안 사실이지만, 외국 회사는 계약서가 책 한 권 정도로 두껍다. 그만큼 세세하게 쓰는 것이다. 반면 우리나라 사람들은 계약서에 대한 인식이 명확하지 않다. 계약서를 쓰자고 하면 '나를 못 믿느냐'는 식으로 접근한다. 집을 살 때 부동산 계약서를 꼼꼼하게 확인하는 것처럼 사업도 마찬가지다. 계약서는 나쁜 것이 아니다. 미래를 대비해 서로의 약속을 잊지 않기 위한 기록이다.

　　네 번째, 동업자의 상황이 비슷해야 한다. 가령 한 명은 경제적으로 여유가 있고, 한 명은 대출을 받아 이 사업에 인생이 걸린 상

태라고 치자. 그러면 각자 일을 대하는 자세에서 불균형이 생긴다. 여유로운 자와 절박한 자의 입장이 같을 수 없다. 결국 문제가 생기고 서로가 힘들어진다.

　지금 나는 동업이 필요하지 않은 상황이다. 그러나 만약 과거로 돌아가 첫 가게를 내는 상황에서 누군가 파트너십을 제시한다면, 여전히 동업을 고려해볼 것 같다. 내가 모르는 분야에서 함께 일할 상대가 있다면 훨씬 더 큰 시너지를 낼 수 있기 때문이다.

　동업을 하다 헤어지는 시기를 정하는 것도 중요하다. 서로의 방향성이 맞아 계약서를 쓰고 동업을 시작했지만, 서로 논의해도 협의되지 않는 부분이 생긴다면 헤어지는 것이 맞다. 그 과정에서 아픔이 있을 수도 있지만 결국 넘어야 할 산이고, 이를 통해 배우는 것들도 있을 것이다. 내가 동업했을 때, 나와 파트너는 잘해보자는 마음 때문에 너무 많은 것을 속으로만 끌어안고 있었다. 서로 바쁘기도 했지만, 툭 터놓고 이야기했으면 풀렸을 부분도 '나 하나 참으면 그만이지'라며 넘어갔다. 그러다 보니 오해가 생기고, 오해는 상처가 되고, 상처가 곪으면서 터져버리고 말았다.

　일은 혼자 할 수 없고, 동업하는 과정에서 서로 의견이 다를 때도 있을 것이다. 이때 '그것을 대화로 어떻게 풀어나갈 것인가', '파트너와 건강한 싸움을 할 준비가 되어 있는가'는 매우 중요하다. 그리고 이것이 동업 성공의 관건이 될 것이다.

열정으로 알린
요리사라는 정체성

내게는 요리사로서 선택과 집중이 필요했던 시기가 있었다. 7~8여 년 전 우리나라에서는 멀리 떠나지 않고 이국적인 음식으로 여행의 감성을 즐기려 하는 '푸드트립Food Trip'이 대세로 떠오르면서 방송은 물론 기업에서도 쿠킹클래스를 많이 진행했다. 나는 운 좋게도 업장 대표로 신세계 아카데미의 쿠킹클래스를 진행했고, 이것이 나의 첫 쿠킹클래스 경험이었다.

쿠킹클래스에는 여러 단계가 있다. 복지센터에서 문화 체험 형태로 진행하는 쿠킹클래스, 백화점 등에서 주부를 상대로 하는 쿠킹클래스, 방송이나 아카데미에서 진행하는 쿠킹클래스가 있다. 당시 블로그를 하던 아내가 신세계 아카데미 쿠킹클래스 후기를 올렸는데, 그것을 보고 CJ에서 내게 연락을 해왔다. CJ 쿠킹클래스는 국내의 스타 셰프만 할 수 있는 최고 단계의 쿠킹클래스다. 당시 나와 함께 쿠킹클래스를 했던 요리사가 이연복 셰프였으니, 이것만 봐도 이해가 될 것이다. 베트남 요리 쿠킹클래스를 하던 요리사가 많지 않았던 것이 내게는 천운으로 작용했다.

강사로서의 경험이 없던 내가 20여 명 앞에서 요리 시연과 강의를 하는 것은 쉽지 않은 일이었다. 하지만 나는 그 기회를 놓치고 싶지 않았다. 언젠가 내 가게는 물론 다른 차원에서도 CJ 쿠킹클래스가 커다란 경험이 될 것이라고 직감했기 때문이다.

철없고 개념 없던 20대의 청년이 성실해진 것도 이즈음부터였다. 근무하던 업장에 두세 시간 일찍 나가 요리를 만들고, 테스트하고, 실패와 성공을 거듭하며 나만의 노하우를 쌓았다. 사장도 주방을 사용하는 내게 뭐라고 할 수 있었지만, 내 건강을 염려할 뿐 특별한 제재를 가하지 않았다. 내가 업무에 지장을 주지 않도록 눈치껏 열심히 한 것도 있지만, 감사한 일이 아닐 수 없다.

어쨌든 나는 나의 본 실력이 들통나지 않도록 요리 연습은 물론 "안녕하세요. 저는 요리사 남준영입니다. 베트남 요리사이고, 오늘은 ○○에 대해 말씀드리겠습니다"라며 여러 장의 대본을 만들어 달달 외웠다. 요리의 역사에 대해 공부하고, 질문이 들어올 것을 예상해 질문지를 만들고, 그에 대한 답변까지 준비해서 첫 수업에 임했다. 그러나 그렇게 시간을 들여 준비했음에도 CJ 쿠킹클래스 첫날부터 실수투성이였다. 코코넛 파우더를 써야 하는 곳에 설탕을 쓰고, 설탕을 붓다가 손이 덜덜 떨려 설탕 가루를 사방에 날리는 실수

도 했다. 다행히 CJ 담당자가 그런 어설픈 나를 좋게 봐주었다. 비록 긴장은 했지만, 준비성과 성실성에서 미래의 가능성을 봐준 것이다. 그 후 약 2년간 CJ에서 많은 쿠킹클래스를 진행했고, 나라는 사람이 노출되면서 현대카드 쿠킹 라이브러리나 SK매직 등 우리나라의 굵직굵직한 쿠킹클래스를 진행할 수 있는 기회가 생기기도 했다.

경력이 오래되었다고 해서 모두 실력이 느는 것은 아니다. 요리사로 5년 차, 10년 차가 되어도 의외로 재료를 제대로 활용하지 못하는 사람도 많다. 근무하는 식당의 시스템과 매뉴얼에 따라 요리를 하면 새로운 메뉴를 개발하거나 창의성을 발휘할 일이 그다지 많지 않기 때문이다. 그런 면에서 나는 정말 운이 좋았다. 어쩔 수 없는 상황에 놓이면서 스스로 공부할 수밖에 없었고, 열정을 쏟다 보니 요리에 빠졌고, 그러면서 요리가 점점 더 재미있어지기 시작한 것이다.

운동선수 생활을 할 때는 달랐다. 운동에 미쳐 있거나 메달을 목표로 하는 친구들은 오전, 오후, 야간까지 운동하고도 개인 운동을 따로 했다. 하지만 나는 운동을 좋아해서 선수를 택한 것도 아니고, 운동으로 성공해야겠다는 포부도 없었다. 먹고살려고 운동을 하다 보니 선수 생활이 행복하지 않았다. 다른 선수들이 발차기 연습을 할 때 나는 빨리 운동을 끝내고 싶은 마음밖에 없었다. 얼른 연습을 끝내고 합숙소로 돌아가는 것이 유일한 낙이었다. 선수를 그만둘까 말까 고민할 때 내 마음은 반반이었다. 수치로 나타내자면 49.9%

와 50.1% 정도였다. 단 0.1%의 차이였지만, 나는 과감히 선수 생활을 접는 쪽으로 마음을 정했다. 그리고 나는 과거와 전혀 다른 길을 걸어가게 되었다.

우리가 직업을 가지는 데 있어서 좋아하는 일을 잘하게 되는 경우가 있고, 잘하는 일을 좋아하게 되는 경우가 있다. 가령 그림을 좋아하지만 배운 적이 없어 서툰 사람이 있다. 그 사람은 꾸준히 연습하고 많은 경험을 쌓으면 잘하게 된다. 한편 원래 기계를 좋아하지 않았지만, 계속 기계를 다루다 보니 자신감이 붙고 그 일까지 좋아하게 되는 경우도 있다. 내 경우에는 이 두 가지가 요리 그리고 쿠킹클래스라는 경험을 만나 잘 맞아떨어졌다. 쿠킹클래스를 하기 이전에 내게 요리는 그저 돈을 버는 수단에 지나지 않았다. 기계적으로 요리를 했다고 하는 편이 맞을 것이다. 그러나 쿠킹클래스의 경험을 통해 나는 한 단계 성장했다. 이전에는 다른 이들과 마찬가지로 평범한 요리사에 불과했지만, 이 일을 통해 족보 없던 요리사에서 남준영이라는 이름과 얼굴을 알릴 수 있게 되었다.

Nam's Diary

2023. 12. 23.

맛있는 음식점이 참 많다.
상향 평준화되었다는 표현이 맞으려나.
이전과는 다르게 맛으로만 경쟁하기엔 차별성이 없다.
그래도 한 끼에 담긴 식사의 본질은 존재한다.

때론 정말 맛있는 식사를 하고 싶을 때가 있다.
내가 말하는 '맛있는 식사'란
맛도 맛이지만 정성과 진심이 담긴 음식을 뜻한다.

바쁜 일상을 살아가는 사람들이 놓치기 쉬운 한 끼.
그 한 끼를 온전히 즐길 수 있도록
정성을 들인 음식이 맛있는 음식이라고 생각한다.

맛과 서비스는
경험에서 나온다

"회사 그만두고 카페나 하나 차릴까?"

"예전부터 요리 솜씨 좋다는 말, 많이 들었잖아. 가게 해도 잘할 거야."

"동네 귀퉁이에 김밥이나 떡볶이 장사하면 잘될 것 같아."

직장생활을 하다 매너리즘에 빠지거나 일하기 싫을 때 농담처럼 곧잘 하는 말이다. 그러나 경험 없이 외식업에 뛰어드는 것은 매우 바람직하지 않다. 물론 식당이나 카페는 음식이나 음료를 파는 곳이고 주방장이나 바리스타를 고용하면 되기 때문에 굳이 사장이 직접 주방에 서지 않아도 되지만, 식당은 사장이 요리를 할 수 있다면 더 잘 운영할 확률이 확실하게 높아진다.

식당을 하려면 주방 경험이 반드시 필요하다. 주방 보조든 아르바이트든, 정규직이든, 가능하면 3년, 최소한 1년은 경험해보기를 권한다. 1년 정도 근무하면 전체적인 주방 운영이 어떻게 돌아가는지, 손님의 연령층 및 행태, 매장의 장단점, 레시피의 운용 등을 대충 알게 된다. 3년 정도의 기간을 권하는 것은 식당에서 일어날 수 있는 일을 최대한 많이 경험하는 것이 좋기 때문이다. '연륜이 배어난다'라는 말이 있다. 연륜이 있는 사람은 심각한 위기에 닥쳐도 허둥대지 않고 해결법을 찾아 재빠르게 대응한다. 이연복 셰프님이 어떤 상황에서도 척척 요리를 만들어내는 것은 현장에서 수많은 일을 경험했기 때문일 것이다.

식당에서는 많은 일이 발생한다. 당일 들어와야 할 재료가 갑작스러운 사고로 배달되지 않기도 하고, 음식이 상할 수도 있고, 주방에서 불이나 도구를 잘못 다뤄 사고가 나기도 한다. 예상치 못한 부분에서 손님이 컴플레인을 하기도 하고, 아르바이트생이 말썽을 피우거나 갑자기 전기가 나가는 등 예상치 못한 일이 숱하게 발생한다. 이렇게 사소한 일들을 반복적으로 되풀이하다 보면 경험치가 쌓여 어떤 상황에서도 능숙하게 대응할 수 있게 된다.

식당의 매커니즘은 간단하다. 손님이 오면 주문을 받고, 주방에서 요리를 한다. 요리가 나오면 손님이 맛있게 먹은 뒤 계산하고 나간다. 이런 단순한 패턴이 매일 반복된다. 일상에서 특이한 일이 자주 일어나는 것은 아니다(사고가 잦다면 식당이 심각한 상태다). 그러므로 3년은 경험해봐야 어느 정도 경험치를 쌓을 수 있고 위기 대응에 능숙해질 수 있다. 은퇴하는 사람들이 프랜차이즈를 찾는 이유는 매뉴얼이 있고, 회사에서 교육을 하기 때문에 어느 정도 실패를 줄일 수 있는 여건이 충족되기 때문이다. 하지만 개인 식당은 별개다.

식당을 운영하다 보면 주방과 홀은 매일 싸운다. 서로의 입장 차가 크기 때문이다. 그러므로 최소한 1년은 식당에서 일하면서 주방과 홀을 모두 경험하는 것이 좋다. 식당을 바라보는 시야가 넓어질 뿐 아니라 외식업 종사자에 대한 공감도도 달라진다.

주방의 경험도 어떤 분야로 진출할 것인가에 따라 달라질 것이다. 가령 3년 뒤에 중국집을 오픈한다고 치자. 방법은 두 가지다. 첫 번째는 1년씩 세 곳의 매장에서 일하며 각 매장의 장점을 모으는 것이다. 두 번째는 한 곳에서 3년간 일하며 전체적인 주방 운영, 식자재 발주, 원가 산출하는 법, 점포 운영 비용 등에 대해 깊이 배우는 것이다.

식당의 사이즈에 따라서 기간을 줄일 수도 있다. 만약 1년 뒤 김밥집을 차릴 계획을 가지고 있다고 치자. 김밥은 기본 패턴이 일정하기 때문에 1년간 김밥만 말면 꽤 능숙해질 것이다. 그렇다면 6개월 정도는 김밥 마는 법을 배우고, 나머지 6개월은 큰 매장에서 단계별로 일해보는 것을 권한다. 왜냐하면 아이템은 달라도 운영 관리는 똑같기 때문이다. 어떤 식으로 팀이 돌아가고, 직원은 어떻게 채용하는지, 채용한 직원에게 어떻게 업무를 배분하는지, 식자재 발주부터 재료 관리, 주방 청소까지 전체의 시스템을 배우기 위해서는 바쁜 매장에서 일하는 게 좋다. 배우는 것이 많고 정확하기 때문이다.

식당은 요리학교가 아니다. 연습이 용납되지 않는다. 완벽하게 준비한다고 해도 부족한 부분이 생길 수밖에 없다. 문제가 생겼을 때 손님에게 "제가 아직 경험이 없는 주인이라 너그럽게 봐주십시오"라거나 "식당이 성장할 때까지 30% DC를 해드리겠습니다"라고 할 수 없다. 맛과 서비스가 훌륭하지 않다면 영업에 지장이 생길 것은 자명한 이치다. 소비자들은 특별한 한 끼, 행복한 한 끼를 원한다. 맛으로만 소비자의 요구를 충족시킬 수 없다. 맛은 기본이고 제대로 된 응대, 서비스가 뒤따라야 한다.

Nam's Note

☐ **호기심으로 시작하라**

창업을 하고 싶은 사람이라면 어디에서 무엇을 팔 것인가 고민할 것이다. 고민은 어떻게 해야 할까? 모든 것에 호기심을 갖고 관찰하고 상상해야 한다. 길을 걷거나 운전을 하다가 보이는 건물의 속사정을 궁금해하고 '여기에는 무슨 가게가 들어오면 좋겠다' 하는 나만의 지도를 그려보라.

☐ **좋아 보이는 것을 탐구하라**

사람이 모이는 곳에는 그만한 이유가 있다. '왜 이곳을 좋아할까?' 생각하고 살펴보면 그 비밀이 보인다. 독특한 소재의 소품, 예쁜 컬러 조합을 어떤 방식으로든 기록해두고 내 매장을 어떤 조합으로 좋아 보이게 만들까 고민해보자.

동네에서 인정받아야 오래간다

회사가 많은 곳이든 가정집이 밀집된 곳이든 그 동네에서 하루 중 많은 시간 상주하는 사람들에게 사랑받지 못하면 가게는 오래가지 못한다. 동네 사람들에게 사랑받는 것이 멀리서도 찾아오게 하는 첫걸음이다. 먼저 가까이 있는 주 고객들에게 알맞은 인테리어, 메뉴, 단가를 고민해 결정하고, 결정했다면 밀어붙여라.

동업의 시작은 계약서 작성이다

일을 하다 보면 반드시 조건과 상황이 수시로 바뀐다. 사업 초기에 계약서를 작성해두지 않으면 추후 달라지는 상황에 대처하기가 난감해진다. 계약서는 지분, 수익 분배, 재투자, 직원 고용, 사업 확대 시 논의 방법, 동업 기간, 결별하게 될 때 방법 등 세세할수록 좋다. 계약서는 미래에 서로의 약속을 잊지 않기 위한 기록이다.

좋아하는 것에서

Part 2.

(콘셉트)

시작하는 나다운 식당

요리는
경험과 기억의 결정체다

오랫동안 엄마의 요리에 입맛이 길들여지면 다른 음식을 먹어도 엄마의 맛을 찾게 된다. 보글보글 끓어오르는 김치찌개는 배고프지 않아도 식욕을 불러일으키고, 지글지글 부침개를 부치는 소리는 가볍게 술 한잔 걸치고 싶은 욕구를 자극한다. 이른 아침 갓 구운 빵과 금방 내린 커피 향은 정서적으로 기분 좋은 안정감을 주고, 아랫집에서 올라오는 생선구이 냄새는 허기를 더욱 부채질한다. 이는 모두 기억에 내재된 감각의 파편을 건드리기 때문이다.

나는 낮술이 좋다. 낮술의 여유로움 때문이다. 낮술은 일의 공백 혹은 여행에서나 가능하다. 그리고 낮술을 함께 마실 만큼 좋은 사람이 있었다는 뜻이기도 하다. 그래서인지 낮술을 생각하면 취기가 오르듯 나른하면서도 따뜻하고, 편안한 기분이 든다.

여행의 경험과 당시 느꼈던 감정은 온몸 구석구석에 배어들어 어느 순간 시각으로, 후각으로, 청각으로, 촉각으로 자극을 주면 마치 어제의 일인 것처럼 생생하게 되살아난다. 무의식 어딘가에 흔적을 남겨두기 때문이다. 특히 음식에 담긴 기억의 향수는 강렬하다. 어느 장면에서 불쑥 튀어나와 감성을 건드린다. 이국을 연상시키는 인테리어가 시각의 기폭제 역할을 하기도 하고, 특정 지역에서 맡을 수 있는 향신료 냄새가 예민한 후각에 신호를 보내기도 한다. 내가 낮술을 좋아하는 것도 경험과 좋은 기억으로 얻은 후천적 감성 때문일 것이다.

첫 식당 효뜨를 창업할 때, 나는 이곳에서 사람들이 여행 혹은 유학 생활에서 느꼈던 좋은 감성과 추억, 그때 먹었던 요리의 기억을 함께 떠올리기를 바랐다. 단순히 식당에서 끼니를 때우는 것이 아니라 사람들에게 요리에 한 가지를 더 얹어주는 것, 그 가치를 여행이라는 향수에서 찾은 것이다. 만약 맛있는 요리에만 집중했다면 그냥 식당에 머물렀을 것이다. 그러나 맛있는 요리에 가치를 얹으면서 '힙한' 식당이 되었다고 감히 말할 수 있다.

달걀흰자로 만든 소스와 토마토소스가 반반 올라가 두 가지 맛을 동시에 느낄 수 있는 원앙 볶음밥은 홍콩의 국민 음식이다. 홍콩 여행에서 원앙 볶음밥을 처음 접했을 때, 나는 그 요리가 무척 신선했다. 귀국한 뒤 여러 볶음밥을 찾아 먹어보기도 했으나, 국내에

哥哥

哥哥

서는 홍콩에서 먹었던 그 맛을 찾지 못했다. 그래서 홍콩식 볶음밥을 메뉴로 만들었고, 그것이 나의 세 번째 식당인 홍콩식 볶음요리 전문점 꺼거의 시그니처 메뉴가 되었다. 누군가 홍콩 여행에서 나와 같은 느낌을 받고 좋은 기억을 품었다면, 볶음밥을 먹으며 그 여행을 떠올리길 바란 것이다.

여행의 향수라고 해서 현지의 맛을 그대로 가져오지는 않는다. 음식을 현지식 그대로 재현할 경우, 우리나라 사람들의 입맛에 맞지 않을 수도 있기 때문이다. 따라서 현지식의 맛과 느낌을 해치지 않으면서도 우리나라 사람들의 입맛에 맞을 수 있도록 연구를 많이 한다. 대표적인 것이 꺼거의 토마토탕면이다. 홍콩의 토마토탕면은 육수와 고기, 채소, 토마토가 들어간 생국수 요리로, 한마디로 표현하자면 맹한 맛이다. 평양냉면의 맛을 떠올리면 비슷할 것 같다. 홍콩 사람들은 맹한 토마토탕면을 시원한 맛으로 먹는다. 하지만 우리나라 사람들 중 평양냉면을 즐기는 사람은 극히 일부이고 함흥냉면이 대중화된 것처럼, 전통 토마토탕면을 그대로 들여오기에는 무리가 있었다. 그래서 나는 토마토탕면을 직장인들이 좋아할 만한 얼큰한 맛으로 바꿔 내놓았다.

주변을 돌아보면 먹거리가 넘쳐난다. 특히 고령인구와 1인가구가 증가하면서 식품 시장도 그에 맞춰 커졌다. 주체할 수 없을 정도로 많은 냉동식품이 쏟아지고, 집에서도 비스트로 못지않은 비주얼로 간단하게 해 먹을 수 있는 밀키트 업체가 문전성시를 이루고 있다. 피자 브랜드들은 레귤러 사이즈보다 작은 퍼스널 사이즈를 출시하고, 중국집은 짬짜면(짬뽕+짜장)을 넘어 볶짬짜(볶음밥+짬뽕+짜장)나 탕짬짜(탕수육+짬뽕+짜장) 메뉴를 개발해 살아남기 위한 길을 모색하는 중이다.

이제 막 시작하는 자영업자가 대기업이나 장사 잘되는 경력 많은 자영업자와 경쟁해서 이길 수 있을까? 당연히 경쟁이 되지도 않거니와 경쟁할 수도 없고, 경쟁하려고도 하지 말아야 한다. 대신 나만의 방식으로 살아남을 다른 무언가를 생각해야 한다. 나는 그 해결 방안이 '가치소비'라고 생각한다. 가치소비란 내가 좋아하는 것, 내 만족보다 높은 것에 과감하게 투자하는 합리적인 소비를 말한다. 물론 가치소비가 외식업에만 해당하는 것은 아니다. 환경보호를 생각하는 패션, 동물실험을 반대하는 코스메틱, 아동 노동을 사용하지 않고 여성의 인권을 보장하는 공정무역 커피 등 분야마다 창업자의 신념에 따라 다양한 가치를 부여할 수 있을 것이다.

대부분의 사람이 지갑을 열 때는 단순히 생리 현상을 충족시키기 위해서만은 아닐 것이다. 배고픔을 채우는 것이 목적이라면 싸고 맛있는 음식도 많다. 사람들이 외식하는 이유는 자신이 돈을 쓰는 것 이상으로, 혹은 적어도 돈을 지불한 만큼의 충족감을 얻기 위해서다. 가치, 충족감이라는 그 빈칸을 무엇으로 채울 것인가? 이것에 대한 고민을 시작한다면, 그것이 바로 브랜드 기획이자 콘셉트가 될 것이다.

Nam's Diary

2023. 6. 28.

나는 브랜드를 만들 때
스토리부터 공간의 설계 시공까지 직접 참여한다.

옷이라면 이 옷 입어보고 이상하면 벗고 다른 옷을 입으면 되지만
공간을 만들어가는 과정에선 그럴 수 없어 어렵다.

다양한 툴을 이용해 시각적으로 예상을 하려고 해도
막상 공사가 시작될 즈음에는 수많은 부분을 고려해야 하고,
그렇게 선택하는 일은 굉장히 고단하다.

새로운 콘셉트와 브랜딩 과정은
말로 표현할 수 없을 정도의 고민 그 자체다.

나만의 노하우가 있다면, 모든 것을 지켜보고 기록한다는 것.
자연과 일상 속에서 모든 것을
다른 시각으로 봐야 한다는 걸 잊지 않는 것.

고민할 땐 고민하는 것만 보인다.
천재가 아니기에 열심히 기록하고 지독하게 보며
고민을 점점 줄여간다.

아이디어 모으고
확장하기

나는 아주 사소한 것에서 아이디어를 얻는다. 길을 걷다 발견한 탄산음료 박스나 컬러감이 예쁜 플라스틱 의자, 칠이 곧 벗겨질 듯한 낡은 간판, 교통 안내 표지판이나 픽토그램 등에서도 영감을 얻는다. 맛있는 요리나 색다른 요리를 만나면 사진을 찍고, 산책을 하거나 차를 타고 가다가도, 길을 걷다가도 문득 내 마음을 툭 건드리는 곳이나 독특한 장면이 눈에 띄면 휴대전화를 꺼낸다. 그렇게 찍은 사진이 15만 장이 넘는다. 기억에서는 사라져도 사진을 꺼내 보면, 그때 느꼈던 감성이 고스란히 살아나 새로운 아이디어와 맞물려 좋은 기획안이 만들어지기도 하고, 내 방식으로 패러디되기도 한다.

화이트와 블루의 컬러매칭을 보면서 누군가는 그리스의 산토리니를 떠올리겠지만, 나는 프랑스에서 우연히 보았던 세탁소 간판이 떠오른다. 똑같은 한자의 조합이라도 컬러나 텍스트 스타일에 따라 중국스러운 것도 있고, 홍콩스러운 것도 있으며, 일본스러운 것도 있다. 간판의 컬러가 눈에 들어오려면 글자가 주는 정보를 최소화해야 한다. 한글 간판은 익숙한 글자가 먼저 읽히면서 글자 색이나 디자인이 눈에 잘 들어오지 않는다. 반면 상대적으로 덜 익숙한 한자가 적혀 있으면 간판이 전체적으로 눈에 들어와 하나의 이미지가 된다. 이것은 여행지에서 만난 장면이 나만의 감성으로 재조합되면서 생겨난 관점들이다.

아이디어는 인간의 성장 과정과 비슷하다. 인간은 엄마의 배 속에서 눈에 보이지 않는 아주 작은 세포로 시작한다. 하나의 작은 점에 불과했던 세포는 성장해서 팔과 다리가 생기고, 눈코입이 생기면서 완전한 인간으로 변해간다. 아이디어도 마찬가지다. 아주 작고, 사소한 아이디어에 점점 살을 붙여나가면서 브랜드로 탄생한다.

가령 괜찮은 음식을 만났을 때, 나는 그 음식을 베이스로 삼고 거기에서 계속 상상력을 덧입혀나간다. 재료를 추가해서 비주얼을 바꿔보기도 하고, 국물 맛을 달리하기도 하고, 재미있는 그릇에 담아보기도 한다. 그렇게 머릿속에서 해장짬뽕 전문점이 탄생한다. 그러나 아직까지는 좀 허술하다. 때문에 좀 더 브랜드를 다듬어간다. 색다른 인테리어 소재나 특이한 컬러감의 소품을 보면서 미래에 어떻게 공간을 꾸밀지 상상하고, 여기에 또 다른 아이디어를 더하고, 브랜드를 수정하면서 규모를 확장해나간다. 이렇게도 바꾸고, 저렇

게도 접목해본다. 그러다 보면 생각지도 않았던 새로운 아이디어가 떠오르면서 재미있는 발상으로 이어진다. 음식 한 그릇에서 시작되었던 초라했던 아이디어가 상상 속에서 하나의 근사하고 성공한 브랜드로 확정되는 것이다.

아이디어는 아주 작은 포크 하나로도 시작될 수 있다. 특이하고 예쁜 포크를 사용해서 먹을 요리, 예쁜 포크를 사용할 대상, 예쁜 포크 옆에 놓일 그릇, 예쁜 포크가 올려질 식탁, 공간 등으로 아이디어에 토실토실 살을 붙여나가는 것이다.

상상은 즐거운 일이다. 돈도 들지 않고, 누군가의 제지를 받을 일도 없다. 상상은 머릿속에서 무한대로 확장되어간다. 그러다 평소 생각하던 아이디어가 새로운 것과 만나 좋은 조화를 이루면 마치 자석처럼 달깍 달라붙어 조각이 맞춰지는 것이 느껴진다.

단, 아이디어는 아이디어일 뿐이다. 경험을 접목해 아이디어를 계속 다듬어나가야 한다. 만약 중식당을 창업하기로 하고, 차별화를 위해 중식당의 메인이라고 할 수 있는 짬뽕과 짜장면을 메뉴에서 제외시키기로 결정했다고 치자. 그렇다면 어떤 메뉴를 시그니처로 할 것인지, 점심과 저녁을 모두 커버할 수 있는 메뉴는 무엇인지, 해장할 수 있는 요리를 넣을 것인지 말 것인지 등 개인의 경험을 구체화하고, 상권과 아이디어를 접목하면서 확대해나가야 한다.

아이디어는 상상의 단계에서 아무런 제약이 없다. 아무것도

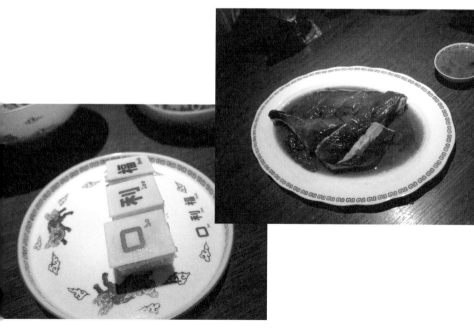

걸치지 않고 이제 막 태어난 아이처럼 말이다. 그러나 아이는 성장하며 공부를 하고, 옷을 고르고, 자신을 가꾸면서 점점 자신만의 개성을 가지게 된다. 마찬가지로 허술하게 시작한 아이디어라고 해도 철학이 더해지고, 새로운 가치로 포장하고, 새로운 디자인을 덧입히면서 사람들의 마음을 매료시키는 근사한 브랜드로 변모할 수 있다.

내 기준으로는 아직 100% 완벽하다고 생각되는 브랜드를 찾지 못했다. 태어나면서 완벽한 인간이 없듯이 브랜드도 처음부터 완벽할 수는 없다. '내 브랜드는 완벽하다'고 생각하는 것부터가 잘못된 아집이다. 정체되어 있으면 발전이 없다.

내가 기획하고 만든 브랜드이지만, 나는 오늘도 이 브랜드를 어떻게 더 멋지게 보일지를 상상하고 고민한다. 작은 아이디어로 시작했던 브랜드가 얼마나 더 멋지게 클지, 얼마나 나를 더 기쁘게 할지, 이것을 생각하면 사실 조금 가슴이 벅차다.

할아버지가 되어서도
운영할 수 있는 식당

나에게는 작은 꿈이 하나 있다. 할아버지가 되어서도 작은 식당 하나를 운영하는 것이다. 영광의 모든 날이 영원할 수 없듯, 열정 가득했던 나의 젊음과 역동이 사라지는 날도 올 것이다. 그때 나는 혼자서 누군가를 위해 조금은 느려진 몸짓으로 가스스토브에 불을 켜며 아침을 열고 싶다. 그런 나의 꿈에 첫 가게 효뜨는 맞지 않는 사이즈였다. 처음 효뜨를 창업할 때는 십여 가지의 메뉴가 있었다. 그러다 '어떻게 하면 효뜨가 더 잘될 수 있을까?' 하고 고민하면서 저녁 시간에 술과 함께 즐길 수 있는 메뉴를 개발하였고, 그렇게 하나둘씩 메뉴가 늘어났다. 하지만 오너 셰프가 가게를 직접 운영하지 않는 이상 삼십여 가지의 맛과 퀄리티를 유지하기란 결코 쉬운 일이 아니었다. 결국 나는 효뜨의 맛과 안정적인 운영을 위해서 어렵게 개발한 메뉴 일부를 포기할 수밖에 없었다. 요리사가 자신이 개발

Part 2.　(콘셉트) 좋아하는 것에서 시작하는 나다운 식당

한 메뉴를 포기한다는 것은 아이의 양육권을 포기하는 것처럼 몹시 마음이 쓰린 일이다. 하지만 현실적인 판단이 필요했고, 메뉴를 줄이기로 결론을 내려야 했다. 이런 일련의 과정을 겪다 보니 어느 순간 고민이 되었다. 내가 나이가 들어서도 이 많은 요리의 맛과 퀄리티를 지키며 만들 수 있을까? 소비자들에게 최상의 음식을 낼 수 있을까? 그때도 최선을 다할 수 있을까? 지금은 힘과 의욕이 넘치지만, 언젠가는 체력도 의지도 고갈될 것이다. 그런 상황에서도 나를 일으키고 주방 굴뚝에 연기를 피울 수 있는 환경이 필요했다. '효뜨는 내가 꿈꾸는 작은 식당이 될 수 있을 것인가?'라는 질문을 던졌을 때, 내 대답은 '아니다'였다. 주방과 홀에 서 있는 내 모습을 상상할 수 없었다. 게다가 효뜨는 주방과 홀 서비스를 합쳐 직원이 평균 12~13명 정도다. 호호 할아버지가 되어 그 정도의 직원을 관리하는 것은 큰일일 것 같았다.

식사 시간대에 늘 길게 줄이 늘어서 있는 백반집, 항상 손님이 바글거리는 손칼국숫집, 복날 외에도 많은 사람의 발길이 끊이지 않는 삼계탕집 등을 떠올렸다. 모두 30년 전통, 40년 전통이라는 간판을 내건 식당이다. 이 말은 곧 트렌드가 전부는 아니라는 의미다. 그렇다면 나이가 들어서도 혼자, 오래도록 할 수 있는 가게의 메뉴는 무엇이어야 할까? 이 질문에 정성 들인 하나의 메뉴를 생각했다. 그리고 그것이 쌀국수 전문점 남박의 시작이었다.

우리는 일과 중에 중요한 일인데도 대충 지나치는 것들이 있다. 따뜻한 물로 천천히 몸을 씻다 보면 하루의 피로가 눈 녹듯 사라지며 안정감이 찾아오는 샤워 같은 것 말이다. 하지만 우리는 그 과정을 누리기보다는 하루 중 으레 일어나는 일인 것처럼 얼른 해치우고 지나쳐버린다. 밥도 그중 하나다. 바쁜 사람들은 토스트 한 장, 삼각김밥 하나로 끼니를 때우거나 사람들과 식당으로 몰려가서 후다닥 한 끼를 먹는 것으로 만족한다. 요리사로서 참 안타깝게 생각하는 부분이다. 사람은 감정적으로 힘들거나 다쳤을 때 엄마가 해주는 밥을 먹으며 힘을 얻는다. 그것은 그저 영양분을 투입하여 육체적으로 힘이 나게 하는 치료가 아니라 마음을 따뜻하게 감싸 안아주는 위로 그 자체다. 잭 캔필드의 《영혼을 위한 닭고기 수프》에서 상징하는 '닭 수프', 마르셀 프루스트의 《잃어버린 시간을 찾아서》에 나오는 '홍차'와 '마들렌'처럼, 무의식에 갇힌 내면을 일깨우고 지친 영혼을 쓰담쓰담해주는 요리 말이다.

모든 요리에는 첫맛, 중간 맛, 끝맛이 있다. 나는 이 모든 맛을 온전히 느껴야만 마음을 치료할 수 있다고 믿는다. 그런데 요즘 사람들은 메뉴를 여러 개 시켜놓고 셰어하고, 대화를 나누며, 천천히 음식을 먹는다. 이런 문화는 요리사로서 고충일 수밖에 없다. 대부분의 음식은 따뜻할 때 먹어야 맛있기 때문이다. 그렇기에 나는 사람들이 온전하게 한 그릇을 느꼈으면 했다. 요리의 첫맛, 중간 맛, 끝맛을 모두 느끼고, 한 그릇 안에서 마음의 평안과 영혼의 위로를 얻

어갈 수 있기를 바랐다. 그래서 생각한 메뉴가 쌀국수다. 이렇게 해서 오래도록 영업할 수 있는, 한 가지 음식에만 집중할 수 있는 가게 남박을 만들게 되었다. 나는 대화가 메인이 아닌, 요리가 주가 될 수 있는 메뉴를 개발했고, 사람들에게 치유의 힘을 나눠줄 수 있는 식당을 론칭했다.

　"콘셉트를 어떻게 정하나요?", "기획을 어떻게 하셨나요?", "트렌드를 어떻게 그렇게 콕 집어낼 수 있죠?", "선견지명이 있나요?"라는 질문을 많이 받는다. 하지만 나는 이 모든 질문에 단 하나의 답만 가지고 있다. 그저 내가 하고 싶은 일에 도전했을 뿐이라는 것. '무식하면 용감하다'는 말이 내게 어울리는 말일지도 모르겠다. 콘셉트, 기획, 트렌드 같은 것들은 모두 거창하게 포장된 단어일 뿐이다. 공간의 컬러를 정하고 소재를 선택하는 것이 어려운 일이지, 소위 말하는 콘셉트를 정하는 건 어렵지 않다. 중요한 것은 '내가 하고 싶은 것을 어떻게 구현할 것인가', '어떻게 소비자들에게 내 진심을 전달할 것인가', '내게 소비자를 설득할 확신이 있고, 그것을 이룰 때까지 버틸 수 있는가'에 있다. 즉, 나의 '의지'가 전부다.

내가 하는 일이 멋지게 보일지 모르지만
멋없고 힘든 문제들이 대부분이다.
그래도 포기하지 않고 하다 보면
한 번씩 꿈을 꾸는 것처럼 멋진 일을 하는 것 같기도 하다.
그래서 부쩍 요즘 에너지가 부족하고
지칠 때가 많은데, 아마도 그건… 술이 문제가 아닐까 싶다.

나는 술을 좋아한다.
많이는 못 마시지만 자주 술을 마시면서 생각에 잠긴다.
그러다 보면 일을 제대로 못한다는 생각이 든다.
매일 자신과의 싸움을 하고 있는 기분이다.

가끔 스포츠 선수들을 보며 동기부여를 하게 되는데,
그들은 자기관리를 정말 잘한다.
그들의 모습을 보며 '나도 어쩌면 매일매일이 시합이고
경기를 뛰는 사람인데 난 너무 자기관리를 못하고
있는 게 아닐까' 하며 자책을 한다.
내가 좋아하는 낮술과 음식을 완전히 끊을 순 없을 것이다.
하지만 앞으로 줄여보려고 한다.
그 시간에 조금 더 다른 부분에 집중해보는 것이
남은 한 해 마지막 목표다.

아침을 여는
식당이 되기까지

"야, 한 푼이라도 더 벌어야지.

저녁 장사를 안 한다고? 미친 거 아니야?"

쌀국수 전문점인 남박은 오후 3시에 라스트 오더를 받는다. 저녁 장사를 하지 않겠다고 결정했을 때, 지인들은 화들짝 놀라며 나를 말렸다. 아내조차도 나를 뜯어말렸다. 물론 그들이 걱정해서 한 조언이라는 것을 안다. 나조차도 '과연 저녁 장사를 접어도 될까?'에 대해 수없이 질문하고, 답을 찾고, 경우의 수를 생각하며 고민했으니 말이다. 저녁 장사를 하지 않는 것은 그런 치열한 분투 속에서 내린 결론이었다.

나는 돈보다 먼저 생각해야 할 것이 있다고 믿는다. 그것은 가

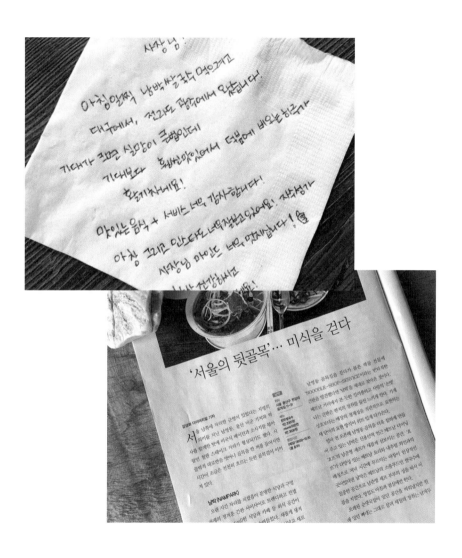

치, 철학, 브랜드의 색깔 같은 것이다. 남박은 내가 할아버지가 되어서도 할 수 있는 식당을 기획하면서 태어난 브랜드이다. 남박을 기획하면서 나는 여러 가지를 고민했다.

'우리나라 사람들이 저녁 메뉴로 쌀국수를 선택할까?'
'쌀국수 하나만 팔았을 때 일본 라멘집보다 약하지 않을까?'
'점심은 괜찮겠지만, 저녁에도 쌀국수가 잘 팔릴까?'

이 중에서도 '저녁에도 쌀국수가 잘 팔릴까?' 하는 의문은 계속 들었다. 게다가 남박 오픈 준비를 할 당시에는 코로나로 사람들의 저녁 외출이 눈에 띄게 줄어든 시기이기도 했다. 많은 고민을 한 뒤, 나는 저녁 시간을 접고 아침에 문을 여는 쪽으로 사고의 방향을 바꾸었다.

우리나라에는 아직 아침을 밖에서 사 먹는 문화가 없다. 새벽까지 술을 마신 사람들을 위해 해장할 수 있는 정도의 식당이 있을 뿐이다. 이런 생각을 하던 와중에 하동관이 떠올랐다. 나는 하동관을 좋아한다. 하동관은 곰탕과 설렁탕을 파는 오래된 맛집인데, 아침 7시에 오픈해 오후 3시에 마감한다. 처음 하동관을 알았을 때 나는 그곳의 운영 방식이 아주 마음에 들었다. 오후 3시에 마감한다는 게 참으로 인상적이었다. 다시 고민이 이어졌다.

'만약 하동관처럼 3시에 마감하는 식당을 운영한다면 오래 할

수 있지 않을까?'

'하동관과 달리 신규 브랜드인데도 아침에 찾아오는 손님이 있을까?'

'저녁에 문을 열지 않고도 브랜드를 홍보할 수 있을까?'

'아침, 점심만으로 돈을 벌 수 있을까?'

우리나라 사람들은 옛날부터 아침밥을 중요하게 생각했다. 그런데 산업이 성장하고 핵가족화되면서 어느 순간부터 아침밥을 먹는 문화가 사라져버렸다. 대부분의 사람이 아침을 제대로 먹지 못한 채 출근하거나 등교를 한다. 그렇지만 만약 DNA에 한국인의 고유 특성이 남아 있다면 언젠가 아침밥 문화가 부활할 수도 있지 않을까.

브런치는 우리나라에 없던 문화다. 메뉴도 서양식이다. 그런 브런치가 이제는 일상이 되었다. 그렇다면 아침밥 문화도 노려볼 수 있을 것 같았다. 우리나라 사람들이 아침부터 죽을 먹지는 않으니 베트남이나 중국처럼 쌀국수 같은 국물류는 괜찮을 것 같다는 생각이 들었다. 동남아에서도 새벽에 가게를 열고 점심에 문을 닫는 식당이 많다. 또 요즘 세대는 곰탕 같은 국밥보다 쌀국수 선호율이 높으니 나쁘지 않을 듯했다.

한 번 방향을 튼 생각은 계속해서 아침 쪽으로 긍정적인 정보를 끌어모으기 시작했다. 중요한 포인트는 오래 할 수 있는 식당, 사

TUESDAY to SUNDAY
⊙8:00 ~ 15:30
LAST ORDER ⊙ 15:00

DAY OFF ON MON

NAMPARK

@hacafe.shop.service

람들이 한 그릇으로 온전하게 감동을 느낄 수 있는 메뉴를 하고 싶다는 것이었다. 아침에 여는 쌀국수 식당이라니, 나름 꽤 근사한 선택이라고 믿었다. 결국 남박은 저녁을 포기하고 아침에 승부수를 걸기로 결정했다. 여담이지만, 당시 남박 오픈 즈음에 같이 일하기로 했던 아내가 임신을 하여 손이 부족했던 것도 아침에만 식당을 열게 된 이유가 됐다.

　　남박은 오전 8시에 문을 열어 오후 3시에 라스트 오더를 받는다. 그렇게 1년 가까이 운영한 결과, 평일 아침에는 손님이 있는 날보다 없는 날이 더 많았다. 지금 와서 돌이켜보면 저녁이 잘되었을 수도 있을 것 같다는 생각도 든다. 그러나 나는 하루도 문을 닫은 적이 없다. 재료 소진이 원만하게 이루어지지 않는 것이 문제이긴 했지만, 매일 문을 열었다. 솔직히 당시에는 수익이 좋지 않다기보다 수익이 없었다는 표현이 더 맞을 것이다. 그럼에도 불구하고 내 결정을 무르지 않았다. 지금 당장 돈을 벌지는 못해도 나중에 내가 무언가를 할 수 있을 만큼 좋은 식당을 먼저 만들겠다는 의지가 더 강했기 때문이다.

　　결국 1년이 지나고 2년이 지나면서 남박은 입소문을 탔고, 신문이나 잡지에서 '아침을 여는 식당'으로 소개되기 시작했다. 지금은 아침에 문을 여는 쌀국수 전문점이라는 차별점 때문에 남박의 아침은 항상 손님들로 북적인다. 남박을 찾는 손님 중에서는 여행의 기억을 찾아오는 사람들도 많다. 특히 미국이나 캐나다, 프랑스에서 유학했던 손님들이 "쌀국수는 역시 아침이지" 하고 이야기하는 것을 많이 들었다.

장사는 중용, 균형을 이루는 것이 참 중요하다. 그런 면에서 사랑과 같다고 생각한다. 일방적인 사랑이 끝까지 갈 수 없는 것처럼 결국 오른쪽 추와 왼쪽 추가 엇비슷해져야 장사도, 관계도 오래 이어질 수 있다.

처음 효뜨와 남박을 기획했던 마음이 변하지 않는다면, 나는 언제까지나 이 일을 계속할 수 있을 것이다.

전국 맥주 판매 1위, 10평짜리 매장

많은 사람이 창업할 때 트렌드를 먼저 생각한다. 사람들이 하이볼을 좋아하니 '나도 하이볼 바를 창업해볼까?', 탕후루가 유행하니 '탕후루 가게는 어떨까?' 하고 말이다. 하지만 나는 '내가 좋아하고 사랑하는 것을 소비자들이 좋아할 것인가', '소비자들이 좋아하도록 어떻게 구현할 것인가'에 대해 고민한다. 만약에 내가 프렌치나 이탈리안 레스토랑을 열고자 했다면, 유럽 여행에서 가족이나 연인과 함께했던 기분 좋았던 시간의 역재생에 대한 고민으로 출발했을 것이다.

일식 스탠딩 바 키보는 지금도 외식업장으로는 불가능해 보이는 공간이다. 계약 당시 그곳은 10평짜리 주차장을 개조해 찜닭 배달 전문점을 하던 곳이었다. 그 공간을 처음 보았을 때는 머릿속이 하얘지면서 이런 생각이 들었다.

'나도 배달을 해야 하나? 배달업을 해서 회사의 부수입을 늘려볼까?'

사실 배달 외에는 딱히 선택의 여지가 없어 보이는 공간이기도 했다. 그러나 배달업을 한다고 해도 공간이 너무 작고, 관리도 힘들 것 같았다. 그렇지만 월세가 싸서 놓치기 아까운 공간이었다. 다행히 나는 하고 싶은 것이 많았다. 설렁탕 가게도 해보고 싶고, 경양식도 하고 싶고, 뮤직바도 열어보고 싶었다.

그때부터 나는 용산 상권을 다시 한번 살펴보았다. 밥집도, 카페도, 술집도 점점 많이 생기는 듯했지만 이자카야는 없었다. 우리나라 사람들은 술을 마실 때 1차로 끝내는 경우가 거의 없다. 사람들은 멀리 이동하는 것을 싫어하기 때문에 자리를 옮겨도 한 상권 내에서 해결하기를 원한다. 그런데 용산 상권을 보니 직장인들이 1차를 끝내고 가볍게 2차를 갈 만한 곳이 없었다. 그 사실을 알게 되자, 내가 해보고 싶은 목록 중에 있던 이자카야가 떠올랐다. 하지만 나는 일식을 전공한 사람이 아니다. 그때부터 내가 일식 전문 주방장과 경쟁하지 않고 할 수 있는 메뉴가 무엇일지 고민하기 시작했다.

나의 가치관과 철학은 식당 사업을 하면서 조금씩 변해왔다. 처음에는 여행 감성을 살려 가게를 오픈했지만, 효뜨, 남박, 꺼거를 운영하고 조직화하면서 점차 '내가 문화를 기획하고 있는 것은 아닐까?'라는 생각을 하게 되었다.

'문화를 전달하는 회사'

생각만으로도 가슴이 두근거렸다. 그렇다면 10평짜리 저 작은 공간을 그저 식당이라는 관점에서 접근할 것이 아니라 도구로써 생각해보는 것은 어떨까? 그리고 조금 특이한 결심을 했다.

일본 오사카에서 쿠킹클래스를 한 적이 있었다. 일본을 여행한 적이 없던 나는 쿠킹클래스를 준비하면서 포털에 '특이한 일본 식문화'를 검색했다. 그때 '카쿠우치角打ち'를 알게 됐다. 카쿠우치는 기타큐슈 지역에서 전해지는 독특한 선술집으로, 주머니가 가벼운 노동자들이 주류 판매장 모서리에 서서 독한 술 한잔으로 고된 하루의 노동을 털어내던 곳이다. 일본에서는 서서 마시는 술집을 '다치노미야立ち飲み屋'라고 하는데, 카쿠우치는 주류나 잡화를 판매하는 매장 자투리 공간에 술맛을 볼 수 있도록 마련해놓은 곳이라는 점에서 차별화된다. 옛날 우리나라의 구멍가게 한편에서 술을 팔던 것과 비슷하다. 카쿠우치와 다치노미야에 생각이 미친 나는 '바로 이거다!'라는 생각을 했다. 너무 멋졌다. 우리나라에는 서서 마시는 문화가 없고, 나도 카쿠우치를 몰랐고, 사람들도 잘 모를 것이었다. 때문에 이런 문화를 전달하면 멋질 것 같았다.

'노동자의 땀과 눈물, 애환이 담긴 문화가 현대의 우리에게도 위로를 주지 않을까?'

이런 생각을 하며 한잔의 술로 희망을 가질 수 있는 멋진 이자카야를 만들고자 했고, 그곳이 바로 스탠딩바 키보다. 키보는 일본어로 '희망'을 뜻한다.

키보를 오픈한다고 했을 때, 남박 때처럼 정말 많은 사람이 말렸다. 하지만 나는 실패해도 가치 있는 도전이 있다고 믿는다. 남박, 키보가 그랬다.

키보를 오픈한 후 처음에는 속된 말로 죽을 썼다. 매출이 거의 없었다. 우리나라에서 술을 서서 먹는다는 것은 있을 수 없는 일이었기 때문이다. 하지만 조금씩 시간이 흐르면서 키보는 손님들로 문전성시를 이뤘고, 단일 매장으로서는 아사히 맥주 판매량 전국 1등을 한 적도 있었다. 기습적으로 방문해 자사의 맥주 맛을 점검하는 아사히 본사 직원이 찾아와 키보의 생맥주 보관 상태와 맛이 훌륭하다고 칭찬한 적도 있고, 일본 굴지의 주류 업체인 산토리 회장이 방문해 키보를 칭찬하고 위스키에 사인하고 간 적도 있다. 주류 역사에 대해서는 잘 알지 못하지만, 위스키 덕후 사이에서는 이 사건을 두고 스티브 잡스가 찾아와 남준영의 아이폰에 사인해주고 간 것이나 다름없는 일이라는 말이 나올 정도였다. 이 모든 것이 10평짜리 주차장에서 생겨난 기적이었다.

나를 말렸던 사람들은 이제 "남준영 똑똑하다. 어떻게 이런 구조를 생각했지? 구조적으로 영업이익이 너무 좋은데?"라고 말한다. 틀렸다. 나는 똑똑하지도, 계산적이지도 않다. 내가 생각했던 것은 오로지 브랜드의 정체성이다. 내가 하고 싶은 것, 좋아하는 것을 소비자들이 좋아해주기를 바랐고, 나는 그 교집합을 찾았던 것뿐이다. 무모해 보였던 키보의 도전은 대성공을 거두었다. 그리고 나는 한 발자국 더 전진할 수 있었다.

Nam's Diary

2023. 6. 29.

술집을 운영한 건 키보가 처음이다.
그것도 코로나 기간에 서서 마시는 술집을 오픈했다.

주변에서는 말리는 정도가 아니라 정신이 나갔다고 했다.
그런 키보가 단일 매장 아사히 생맥주 판매량
전국 1등을 하고 있다.

맥주 퀄리티를 위해 하루도 빠짐없이 준비한
팀원들의 자부심으로 맺은 결실이라고 생각한다.

10평 남짓한 매장에서 이뤄내기 불가능한 일을 해낸
기적 같고 영광스러운 순간이다.

☐ **가치소비를 할 수 있어야 한다**

이제 음식점에서 음식만 소비하는 시대가 아니다. 문밖을 나
가지 않아도 맛있는 음식은 얼마든지 집으로 배달된다. 따라
서 집 밖으로 나온 사람들은 돈을 지불한 만큼의 충족감을
얻을 수 있는 곳을 찾는다. '내 가게에서 고객이 어떤 경험과
기억을 가져갈 수 있는가' 생각하라.

☐ **눈에 보이는 모든 것이 레퍼런스다**

길을 걷다 보이는 간판, 골목, 쓰레기통까지도 레퍼런스가
될 수 있다. 사소한 것도 그냥 지나치지 말고 어떻게 활용할
수 있을지 다른 것들과 조합하는 상상을 해보라. 이런 관찰
하고 상상하는 것이 습관화되면 뭔가 특별한 아이디어가 필
요할 때 꺼내 쓸 수 있다.

☐ 트렌드를 좇기보다 공간 차별화를 고민하라

세련되고 고급스러운 공간은 많다. 내 가게만이 전달할 수 있는, 전달하려는 메시지가 무엇인지 생각하고 거기에 몰입하라. 나는 무엇으로 사람들을 문밖으로 나오게 할 수 있는가. 특히 요즘처럼 개인의 취향이 확고한 시대에 내가 운영하는 가게가 고객에게 어떤 경험을 줄 수 있을까에 대한 답을 얻기 전에는 창업하지 마라.

☐ 고정비는 싸고 재료비는 비싼 식당을 만들어라

좋은 재료를 쓰면 좋은 음식이 나오지만 그것에만 집중해 푸드 코스트가 30%를 넘어간다면 운영을 지속할 수 없다. 그렇다면 반드시 고정비를 줄일 수 있는 방법을 고민해야 한다.

Part 3.

(공간, 브랜딩)

한국에서 가장

베트남스러운 공간

매력적인
브랜드의 특징

영업이 끝나고 가게에 혼자 남아 있으면 묘한 기분이 든다. 몇 분 전만 해도 많은 사람으로 왁자지껄했던 공간에는 기름과 음식 냄새가 뒤섞여 공허한 침묵만이 감돈다. 묵직한 공기 속에 우두커니 앉아 있으면 허탈하기도 하고 아쉽기도 하면서 신기하게도 다음 날에 대한 의욕이 생긴다.

내게 가게는 무대다. 요리사가 무대를 기획하고 연출하면, 직원은 성공적인 공연을 위해 분주하게 준비한다. 관객은 공연을 찾아와 작품(요리)을 감상(소비)하고, 감동받고, 그날의 공연에 대해 품평하기도 한다. 대본(메뉴)은 같아도 똑같은 무대는 없다. 그날 배우의 조합, 컨디션, 관객의 호응에 따라 무대는 날마다 변한다. 나는 PD가 되어 그날의 무대를 연출하기도 하고, 주연이 되어 관객과 만나기도 한다. 매일 무대는 준비되고, 객석은 매일 다른 관객으로 채워질 것이며, 공간은 다른 분위기로 왁자지껄해진다.

사람들이 내게 종종 하는 질문이 있다.

"어떻게 성공하는 식당을 만들 수 있나요?"

나는 그 답이 의외로 간단한 곳에 있다고 생각한다.

법인法人도 하나의 인격체라고 하듯, 브랜드도 사람이다. 주변에 친구가 많은 사람을 보면 그 사람이 매력이 있다는 걸 알 수 있듯, 브랜드도 그렇다. 효뜨 분당점을 낼 때, 내가 구상한 아이디어를 금속으로 구현할 사람이 필요해 몇 명의 기술자와 미팅한 적이 있었다. 나는 새로운 형식에 도전하고 싶은 마음에 이것저것 얘기했는데, 그때마다 기술자들은 하나같이 난색을 표하며 일반적인 방법을 제안했다. 그런데 그중 한 사람은 다른 반응을 보여줬다. 그는 내 아이디어를 함께 고민해주고, 해결책을 모색해주었다. 외모뿐 아니라 말투가 독특한 게 매력적이었던 그는, 무엇보다 설계도로 나를 훅 빠져들게 했다. 알고 보니 독일에서 미술을 전공한 사람으로 누가 봐도 자기 일에 미쳐 있는 것 같았다.

우리는 살아가면서 많은 사람을 만나지만, 그중에서도 왠지 호감이 가고, 사귀고 싶고, 끌리는 사람은 따로 있다. 브랜드도 그렇다. 뭐라고 콕 집어서 말할 수는 없어도 왠지 정이 가고, 다시 가고 싶고, 사람들에게 소개해주고 싶은 곳이 있다. 브랜드가 가진 개성,

Part 3. （공간, 브랜딩） 한국에서 가장 베트남스러운 공간

혹은 매력 때문이다. 물론 사람마다 매력을 느끼는 기준은 다르다. 나 역시 개인적으로는 열정적인 사람, 똑똑한 사람, 개성이 강한 사람, 철학이 있는 사람에게 끌린다. 그런데 사람마다 매력을 느끼는 기준이 다 다르다 해도 공통적으로 호감을 느끼는 사람이 있다. 단정하고, 깔끔하고, 매너 있고, 좋은 향이 나고, 말을 잘하고, 상대를 배려하는 마인드 등을 지닌 사람. 이런 사람이라면 많은 사람이 매력 있다고 느끼지 않을까. 가게도 많은 사람이 공통적으로 좋아하는 부분이 있다. 따라서 그것을 바탕으로 브랜드만의 독특한 매력을 만들어낸다면 성공적인 가게로 가는 지름길이 될 것이다.

요즘은 식당이 맛만 있다고 해서 잘되지 않는다. 맛은 기본이다. 그래서 브랜드의 정체성과 본질이 그 무엇보다 중요하다. 다시말해 브랜드가 전달해야 하는 것이 명확해야 하고, 그것이 소비자들에게 가닿았을 때 비로소 브랜드의 아이덴티티가 확고해진다. 가령 술집을 창업한다고 하자. 이때 어떻게 테이블 회전을 빨리해서 돈을 벌 것인지를 고민할 것이 아니라, 소비자들이 무엇을 좋아할지 조사하고 분석해 브랜드만의 매력을 만들어야 하는 것이다.

"브랜드는 사람이다."

브랜드를 사람이라고 생각하면 어떤 가게를 만들 것인가에 대한 문제는 쉽게 풀린다. 식당이든 쇼핑몰이든 브랜드를 만들 때 매력이 있으면 소비자를 끌어당길 수 있다. 단점이 있어도 상관없다. 사람도 장단점이 있지만, 매력 있는 사람과는 단점과 상관없이 지속적으로 인연을 맺지 않던가. 마찬가지로 브랜드에 부족한 부분이 있다 해도 장점이 크면 충분히 매력적일 수 있다.

SNS는 모두 팔로워 0에서 시작한다. 그러나 꾸준히 자기만의 콘텐츠를 올리다 보면 그에 공감하는 팔로워가 한 명, 두 명씩 늘어나고, 하나의 계기로 팔로워가 폭발적으로 늘어나면서 인플루언서가 된다. '물건이 정말 예뻐요', '맛있어 보여요', '그 제품은 어디에서 살 수 있나요? 팔면 안 되나요?' 같은 질문이 쏟아지면서 전혀 예상하지 않았던 브랜드가 탄생하기도 한다.

브랜드는 단 한 명이라도 만족하는 사람이 있다면 만들 수 있다. 단, 무엇을 전달할 것인지, 전달할 수 있는지가 중요하다. 그것이 단 한 명에게라도 가닿는다면 그 공감의 수를 백 명, 천 명으로 늘려 나갈 수 있다. 결국 어떤 매력을 만들어내느냐가 관건이다.

감도 높은
인테리어의 탄생

나는 하고 싶은 것이 많다. 하고 싶은 것이 많다는 것은 가게를 하면서, 좀 더 정확하게 말하면 첫 가게가 안정되면서 뚜렷하게 알게 되었다. 하나가 잘되어서 만족스러우니 분점이나 지점을 내겠다는 생각은 하지 않았다. 오히려 전혀 다른 콘셉트의 다른 가게를 열어보고 싶었다. 그렇게 해서 여러 브랜드가 탄생했다.

남박을 오픈할 자리를 물색하다 효뜨 옆 동네인 남영동의 30년 된 순댓국집을 찾아 계약했다. 순댓국집은 장판이 깔린, 신발을 벗고 들어가 앉아서 먹는 식당이었다. 곳곳이 가려져 있어 채광이 들지 않는 어두컴컴한 곳이었다. 계약 후 철거를 하고 나니 가게가 너무 예뻤다. 속이 다 시원했다. 그런데 한 가지 고민이 있었다. 창문 때문이다. 좁은 가게에 창문이 있으면 프레임이 생겨 개방감이 사라지고, 시각적으로도 예쁘지 않다. 통창은 창문을 열 수 없으니 공기 순환에 걸림돌이 된다. 고민을 거듭하다 결국 통창으로 결정했다. 한 가지를 희생한 것이다. 365일 중 창문을 열 수 있는 날은 며칠 되지 않는다. 그렇다면 차라리 통창으로 만들어 최대한 개방감을 주고, 액자 틀 형태로 밖의 풍경이 실내로 들어오도록 결정한 것이다.

남박의 간판명은 'NOODLE-SHOP-SERVICE'이다. 이 파사드_{Facade}♦의 영감을 받았던 곳은 프랑스의 한 세탁소였다. 세탁소의 간판을 보며 흰색과 바다, 하늘과 닮은 코발트블루의 색감이 예뻤고, 어딘가에 담아보고 싶다는 소망이 생겼다. 그것을 남박 간판에 활용한 것이다.

남박의 간판을 보면 오래된 듯 군데군데 벗겨져 빈티지한 느낌이 든다. 하지만 실상을 들여다보면 남박의 간판은 실패작이다. 칠이 벗겨진 듯한 자국은 스텐실로 작업하다 완전히 마르기도 전에 판을 떼어내면서 생긴 흔적이다. 새로 작업을 하려다가 붉은 벽돌이나 가게 전체의 느낌과 잘 잘 어울린다는 생각에 그대로 걸게 되었다. 만약 간판 하나만 본다면 분명 실패작이다. 새로 오픈하는 곳이고, 그러니 당연히 간판은 깨끗해야 한다고 생각하게 된다. 하지만 좀 더 여유를 가지고 본다면 실패에서 생겨난 색다른 '창조물'이다.

♦ 　건축물의 정면부를 의미하는 프랑스어로, 주로 대로와
　　맞닿아 있는 출입구를 가리킨다. 건축물을 대표하는 외관,
　　첫인상, 겉모습 등을 나타내는 건축 인테리어 용어.

토기에 담아두었던 포도에서 생긴 즙을 썩었다고 생각하고 버렸다면 와인은 탄생하지 못했을 것이다. 뗐다 붙였다 하는 포스트 잇도 처음에는 실패작이라고 여겨 내팽개쳤던 제품이고, 손의 온도 때문에 술맛이 변하는 것이 싫어서 사용했던 호밀 줄기가 지금은 누구나 사용하는 빨대가 되었다. 실수로 만들어진 초콜릿칩 쿠키, 마개를 제대로 닫지 않아 생겨난 스파클링와인처럼 우연과 실패, 실수는 더 좋은 것으로 이어지기도 한다.

여행에서도 마찬가지다. 잘못 내린 역에서 황홀한 일몰을 맞닥뜨릴 수 있고, 길을 헤매다가 들어간 골목길에서 그 도시의 숨겨진 보물을 찾을 수 있다. 우연의 역사가 우리의 삶을 좀 더 깊이 있고 풍요롭게 만들 수 있다. 그러니 한 가지에 너무 집착하지 말고 숨을 고르고 좀 더 여유를 가지고 넓게 보길 바란다. 어쩌면 그때 더 많은 것을 얻을 수 있을지도 모른다.

물론 모든 실패가 멋진 결과로 이어지지는 않는다. 꺼거는 적어도 50년 이상 된 옛날 건물이었다. 오랫동안 추어탕을 팔던 공간이었는데, 가게 내부를 철거하자 근사한 천장의 목조 기둥이 드러났다. 그것을 보자마자 무조건 살려야겠다는 생각이 들었다. 돈을 주고도 만들 수 없는, 나무에서 오는 아릿한 감성이 나를 사로잡은 것이다. 하지만 기둥이 드러난 채로 천장을 뚫어놓으면 여러 가지 문제가 생긴다는 것을 초짜 사업가는 알지 못했다. 여름에는 너무 덥

고, 겨울에는 너무 추웠다. 냉난방비도 문제지만, 벌레가 들끓을 수도 있고, 먼지가 쌓여서 음식 위에 떨어질 수도 있었다. 사람들에게 멋진 공간을 보여주고 싶다는 마음에 지붕의 틈새를 실리콘으로 막고, 코팅해서 목조 기둥을 그대로 살렸지만, 만약 지금 똑같은 상황에 맞닥뜨리게 된다면 다시 한번 더 신중하게 고민할 것이다. 목조 지붕을 살리느라 사용한 실리콘만 16박스 이상이었고, 공사도 지연되었다. 또 목조 기둥은 일반 청소로는 할 수가 없어 주기적으로 업체를 불러 청소해야 한다는 불편한 점도 있다.

'하룻강아지 범 무서운 줄 모른다'라는 속담처럼, 인테리어에 무지했던 나는 무서운 것이 없었다. 내가 느끼는 감성, 그것만을 따랐다. 쓰지 않아도 될 많은 돈을 썼지만, 그럼에도 후회하지는 않는다. 꺼거의 저녁은 투박하지만 고즈넉하다. 다른 곳에서는 좀처럼 찾아볼 수 없는 분위기다. 고요한 불빛 아래에서 고량주 한잔을 걸치면 여행을 온 듯 낯선 장소에서 기분이 맑아지는 것을 느낀다.

짧은 시간이지만, 이제 나는 장삿밥 좀 먹어본 사람이 되었다. 오너가 된 지는 오래되지 않았지만 가끔은 두려움을 모르던 시절, 저돌적으로 덤벼들던 때가 그립기도 하다.

감성으로 맛보는 요리

"이국적인 공간이 한국에 통할 것이라고 어떻게 예상했나요?"
"시장조사를 철저히 했나요?"
"데이터가 있었나요?"

많은 사람이 내게 궁금해하며 던지는 질문이다. 공부와 담을 쌓고 살았던 내가 브랜딩이 뭔지, VMD(Visual Merchandising, 비주얼 머천다이징)가 뭔지, 콘셉트가 뭔지 알았을 리가 없다. 요리만 했지, 식당을 어떻게 계획하고 꾸며야 하는지 전혀 모른 채 사업을 시작했다. 요리는 10년 이상 했지만, 인테리어는 처음이었다. 그러다 보니 사업을 하면서 요리보다 더 많이 집중했던 것이 공간이었다. 흔히 '눈으로 먼저 먹고 입으로 먹는다'는 말을 한다. 그런데 시각과 미각 외에도 감정적으로 느끼는 맛이 있다. 집에서 먹는 라면보다 바다나

산에서 먹는 라면이 훨씬 맛있는 이유가 무엇일까? 똑같은 라면을 끓여도 야외에서 먹는 라면은 집에서 먹는 것보다 훨씬 더 맛있다. 배가 고프지 않아도 그렇다. 그것이 자연에서 느끼는 해방감과 분위기, 감성이 식욕을 자극하기 때문 아닐까.

나는 인테리어를 배운 적도 없고, 더군다나 인테리어에 재능이 있다는 생각은 한 적도 없었다. 단지 내가 여행에서 겪었던 좋은 기억을 소비자들에게 불러일으킬 수 있다면 그것이 계속 가게에 올 이유가 되고, 더불어 시너지가 발휘될 것이라고 생각했다. 좋은 걸 보면 사랑하는 사람에게 소개해주고 싶으니까. 그래서 기능적인 것보다는 '홍콩스럽다', '베트남스럽다', '유럽 같다' 같은 느낌과 감성에 더 치중했다.

인테리어의 끝은 가구가 아닐까? 완공된 아파트들의 실내 인테리어를 보면 대부분 크게 다르지 않다. 그런 아파트에 어떤 가구를 놓느냐에 따라 실내 분위기는 완전히 달라진다. 브라운 계열의 클래식한 가구를 메인으로 배치하면 집안 분위기가 중후하면서도 우아해 보이고, 화이트나 블랙 등 모노톤을 사용하면 시크하면서도 도회적인 느낌이 든다. 식당도 가구에 따라 분위기가 크게 좌우된다. 하지만 외식 공간에 비싼 가구를 들여놓는 것은 쉬운 일이 아니다. 그렇다고 공장에서 찍어내는 기성품 가구를 쓰면 다른 식당의 공간과 차별화되지 않는다. 때문에 나는 '공간을 어떤 가구로 어떻게 배치해야 할까?'에 대해 깊이 고민할 수밖에 없었다.

미니멀하면서도 깔끔한 인테리어가 트렌드다. 주변을 돌아보면 세련되게 잘 만들어진 공간은 아주 많다. 고급스럽고 세련된 공간에서 사람들이 얻을 수 있는 만족감도 분명 있을 것이다. 그렇지만 내가 원하는 것은 여행에서 받은 감동과 감성을 전달하는 것으로, 트렌드와 전혀 다른 방향이었다.

명품이 좋은 것은 알지만, 꼭 명품으로 나를 표현할 필요는 없다. 경제력이 허락한다면 명품을 사서 입어도 되지만, 형편이 좋지 않다면 다른 방법으로 나를 표현할 방법을 연구해야 한다. 빚을 내서라도 명품을 살 것인지, 짝퉁으로 흉내만 낼 것인지, 그게 아니라면 예산 내에서 나만의 개성을 드러낼 수 있는 스타일을 찾아야 한다.

디자인적인 것이 무조건 중요하다는 건 아니다. 요리가 똑같이 맛있을 경우, 디자인이 남다르다면 사람들의 선택지가 인테리어 요소가 될 수 있음을 이야기하는 것이다.

꺼거는 홍콩의 오래된 가게를 그대로 옮겨온 듯한 모습으로 '삼각지에 있는 작은 홍콩'이라 불린다. 꺼거의 접시에는 아내의 어렸을 때 사진이 들어가 있다. 파란 배경 앞에서 노란 점퍼를 입고 있는 아내의 어릴 적 사진을 봤을 때 인민군이나 중국 공산당 같다는 느낌을 받았었다. 그래서 나는 꺼거를 준비하면서 아내의 사진을 접시에 담아야겠다고 결심했다. 처음부터 밈meme을 생각하고 아내의 사진을 선택한 것은 아니지만, 이국적인 분위기에서 오는 문화적 감성을 느끼기에 충분하다고 판단했다. 어떤 사람은 이 접시를 촌스럽다고 할지도 모르겠다. 하지만 어떤 사람은 색다르다며 호기심을 가지고 바라봐준다. 세련되지는 않지만, 투박한 분위기를 좋아해주고 특별한 공간으로 여겨주는 것이다.

세상이 아름다운 것은 노랑, 파랑, 빨강, 초록도 있지만, 검은색, 회색, 갈색 등을 비롯해 말로 표현할 수 없는 다양한 색이 있기 때문이다. 내가 여행에서 느꼈던 좋은 감정을 다른 사람들도 느끼길 바랐고, 그곳에서 영감을 얻고 에너지를 받길 원했다.

내가 만든 공간에서는 음식뿐만 아니라 다른 것도 소비했으면 좋겠다. 배를 채우기 위한 공간은 세상에 너무나도 많다. 굳이 문밖을 나서지 않아도 모든 음식이 배달되는 세상이기도 하다.

'사람들을 움직이게 하려면 어떻게 해야 할까?'

나의 창업은 내가 소비자와 공유할 수 있는 것, 공감할 수 있는 것을 고민하는 것, 그것에 대한 해답의 열쇠를 찾아가는 과정이었다. 그리고 나는 앞으로도 그럴 것이다.

분위기를 만드는
디테일

누군가는 나를 '고물상 셰프'라고 부른다. 길을 가다 버려진 가구나 거울, 의자 등이 있으면 눈독을 들이고, 컬러가 예쁜 소품이 있으면 주워오기 때문이다. 내 눈에는 모든 것이 소품이다. 버려진 녹슨 의자를 주워다 테라스에 놓고 그 위에 꽃을 놓는다. 콜라 박스로 파티션을 만들기도 한다. 버려진 물건 중에는 그 자체로 운치가 있고, 조금만 수리하면 멀쩡한 것도 많다. 버린 사람들에게는 쓰임을 다했지만, 내게는 여전히 유용한 물건들이다.

오래된 가구들은 쉽게 구할 수 없다. 시간의 흔적이 주는 멋은 따라 하고 싶어도 자연스럽게 연출할 수 없다. 그렇기 때문에 실재 옛날 것들을 가지고 와서 배치하면 시각적으로 꽤 대단한 것을 건질 수 있다. 사람들이 내 공간에 와서 "여행 온 것 같다", "이국적이다" 말하는 것은 아마도 이 때문일 것이다.

효뜨를 창업할 때 나의 모토는 '어디에도 없는 가구를 보여주자'는 것이었다. 베트남에서 모든 가구를 공수해올 수 없어 황학동에서 1970~1980년대 가구를 얼마나 찾아다녔는지 모른다. 효뜨는 원래 비건 카페로 운영되던 공간이었는데, 이곳의 천장과 벽, 바닥은 그대로 두고 황학동에서 사가지고 온 가구를 배치했다. 내가 생각하는 베트남 같은 분위기를 연출하기 위해 그래픽과 포스터, 식물 등을 곳곳에 놓기도 했다. 그랬더니 베트남의 분위기가 그대로 살아났다.

남박을 오픈할 때도 빈티지하면서도 자연스러운 멋이 있었으면 해서 고민 끝에 고재(오래된 목재) 상판을 찾아다녔다. 그러다 제주도에서 몇백 년 동안 어느 대가를 지켰을 법한 대문을 만났다. 물론 대문 그 자체로 멋있었다. 그러나 나는 그 대문을 잘라 테이블을 만들었고, 남박이라는 브랜드 이미지를 내가 느끼는 베트남에 더 가깝게 만들 수 있었다.

이런 부분들은 어떻게 보면 사소한 것일 수 있다. 그럼에도 내가 인테리어를 위해 열심을 다했던 것은, 가구들의 외곽선이나 패턴이 요즘은 나올 수 없는 것들이고, 이런 가구가 공간에 배치되었을 때 이국적인 분위기가 자연스럽게 올라오기 때문이다.

식당에는 그 공간의 중점이 되는 2~3개 정도의 포인트가 있어야 된다고 생각한다. 포인트 없이 소품만 가져다 늘어놓거나 컬러만 조합한 내부는 난해하고 어지러운 공간이 되어버린다. 손님이 가

Part 3. （공간, 브랜딩） 한국에서 가장 베트남스러운 공간

장 먼저 시선이 닿는 외관에서부터, 실내에 들어섰을 때 정면이든, 오른쪽이든, 왼쪽이든 한 곳을 정해 포인트가 되는 인테리어를 해야 한다. 그리고 포인트가 되는 공간은 하나의 이미지가 떠오를 수 있도록 해야 한다.

효뜨는 공간을 베트남스럽게 하기 위해 몇 가지 장치를 두었다. 가장 대표적인 것이 테라스에 설치한 음료 가판대다. 음료 가판대는 베트남 길거리에서 흔히 볼 수 있는 것이어서 그것만으로도 충분히 이국적인 분위기를 물씬 풍기게 해주지만, 여기에 더해 식물을 많이 둠으로써 한층 더 베트남스럽게 꾸몄다. 식물은 관리가 어렵다. 매일 물을 줘야 하는 나무도 있고, 너무 자주 물을 주면 금세 뿌리가 썩어버리는 식물도 있다. 그래서 손님들 가까이에 있는 꽃과 식물은 생화로 연출하고, 손님들 시선에서 멀리 있는 곳은 조화로 연출하는 식으로 강약을 조절했다. 이렇게 만들어진 공간은 다른 식당과는 확실하게 차별화가 되었다.

매장의 분위기는 아주 사소한 것에서 달라진다. 손님들은 바닥에 대해서는 별로 신경 쓰지 않지만, 바닥 재료를 무엇으로 했느냐에 따라 전체 분위기가 180도 달라진다. 효뜨 강남점의 바닥은 동남아 리조트에 가면 볼 수 있는 타일이 대각선으로 시공되어 있다. 이런 타일의 컬러, 타일에 들어간 포인트 타입, 시공할 때 선 방향 등이 어우러져 매장에 들어섰을 때 이국적이라는 느낌을 받게 된다.

효뜨, 남박, 꺼거 등이 성공하면서 종종 인테리어 카피캣 Copycat을 하는 가게가 있다. 내가 만든 브랜드가 성공하고, 유명해져서 따라 하는 거라고 생각하면 기분이 좋기도 하다. 반면 인테리어를 위해 타일 하나, 소품 하나를 고르면서 치열하게 고민했던 순간들을 떠올리면 속이 상하는 것도 사실이다.

나 역시 벤치마킹을 한다. 곳곳을 돌아다니면서 사진을 찍어 놓은 휴대폰은 일종의 벤치마킹 도구이다. 그렇지만 나는 그것을 그대로 따라 하는 것이 아니라 내 방식대로 재해석하려고 노력한다. 그것은 나의 자존심이기도 하다. 물론 인테리어가 똑같다고 해서 장사가 잘되는 것은 아니다. 인테리어의 완성은 끝이 아니라 시작이기 때문이다.

〈범죄도시 2〉 영화 미술 팀에서
우리나라에서 가장 베트남스러운 곳이 효뜨라며
장소 섭외를 했고, 그 후 장소뿐 아니라
실제 메뉴까지 영화에 사용했다.

베트남 길가에서 반미 파는 아주머니에게
사용하고 계신 파라솔을 팔면 안 되겠느냐고
바디랭귀지로 겨우 소통해 비행기에 실어온 적이 있다.
한국에서는 구할 수 없는 재질에
펩시 콜라와 베트남 글자가 새겨 있는 파라솔이었다.

용산 골목 고철 줍는 아저씨가 가져가면서
지금은 갖고 있지 않지만,
그 정도로 나는 공간 하나하나에 고집과 집념이 있었다.
그게 효뜨가 많은 사람에게 영감을 줄 수 있었던 이유가 아닐까.

한국에서 가장
베트남스러운 공간

나는 실행력은 있지만, 느린 사람이다. 하나의 매장을 기획하고 선보이기까지 일반 사람보다 두세 배는 더 걸린다. 쉽게 진행될 때도 있지만, 보통은 기획 단계에서 시간을 들이는 편이다.

나는 공간에 있어서도 많은 시간을 투자한다. 왜냐하면 공간은 중간에 바꿀 수가 없기 때문이다. 음식은 여러 번 테스트를 하고 시행착오를 거쳐 다음 단계로 나아갈 수 있다. 하지만 공간은 컬러나 소재를 한 번 결정하고 나면 마음에 들지 않는다고 번복할 수 없다. 최대한 툴을 활용하고 사진 등을 통해 대조하면서 공간의 이미지를 만들어간다고 해도, 전문가가 아닌 내 눈은 현실감이 뒤떨어질 수밖에 없다. 그렇다면 이미 공사된 곳을 찾아 인테리어 시공업자에게 보여주면서 그대로 진행해달라고 하면 쉬울 것이다. 그러나 나는 도전하고 싶은 것이 많다.

공간에 많은 시간을 투자한다는 것을 단적으로 얘기해보자면, 나는 타일 하나 고르는 데도 2~3일이 걸린다. 컬러와 컬러의 조합, 컬러와 소재의 조합을 찾아 대조하고, 채광이 있을 때와 없을 때의 느낌 등을 모두 고려한다. 그러다 보니 함께 일하는 기술자들이 '대충하면 되지 뭘 그렇게 깐깐하게 따지고 드냐'고 하면서 나를 무척 답답해한다. 물론 나중에 완성하고 나서는 타일 정도는 다른 걸로 했어도 괜찮았겠다는 생각이 들 때도 있다. 하지만 공사 중에는 타일의 패턴 하나도 내겐 버릴 수 없는 중요한 요소다. 그만큼 공간에 대한 애착이 크기 때문일 것이다. 요리에서 미량의 조미료가 맛을 좌우하듯, 인테리어도 사소한 디테일이 모여 완성된다고 생각하면 허투루 할 수 없는 부분이다.

효뜨를 준비할 때에 베트남에 직접 다녀오기도 했다. 사소한 것까지 모두 베트남처럼 연출하고 싶었기 때문이다. 베트남 슈퍼에 가서 소스 통과 식료품을 싹쓸이하고, 식기부터 휴지통 같은 소소한 소품뿐 아니라 테이블과 의자까지 180kg이나 되는 짐을 비행기에 싣고 왔다. 첫 가게라서 그런 것이 아니다. 지금도 그렇게 하고 있다.

나는 화분 고를 때도 매우 신중하다. 시장에 가서 고민하다 노란색, 빨간색 화분을 달라고 하면, 아주머니들이 귀찮아하면서 다른 사람들은 하얀색을 사가니 그냥 하얀색으로 가져가라고 말할 정도였다. 이 정도면 페인트를 사서 내가 마음에 드는 색으로 칠하면 되

Part 3. （공간, 브랜딩） 한국에서 가장 베트남스러운 공간

지 않느냐고 할 수도 있을 것이다. 그러나 사는 것과 칠하는 것은 느낌이 또 다르다. 그래서 꼭 찾아달라고 고집을 부리면, 아주머니들도 투덜거리면서 가게 안쪽까지 모두 뒤적여 찾아주셨다.

내가 이렇게까지 고집을 피우며 이런저런 화분을 놓기도 하고 분위기를 바꿔보는 것은, 내 속에 잠들어 있는 감각을 끄집어내기 위함이다. 내 가게의 모든 것은 나만의 연출이 들어가 있다. 베트남에서 봤던 벽화나 글자 등 모든 것을 그대로 갖다 놓은 것처럼 치밀하게 꾸몄다.

이러한 나의 꼼꼼함 때문인지 효뜨가 영화 〈범죄도시 2〉에도 잠깐 등장한 적이 있다. 효뜨라는 걸 알아볼 수 있는 장면은 아니지만, 내가 자부심을 느끼는 이유는 따로 있다. 영화 촬영 팀이 베트남에서 촬영을 끝내고 후반 작업을 하는데, 베트남 시내 한 장면이 누락되어 추가 촬영이 필요한 상황이었다. 그런데 당시 코로나 영향으로 베트남에 갈 수가 없어서 한국에서 가장 베트남스러운 곳을 찾았고, 전국 방방곡곡을 뒤졌는데도 효뜨만큼 베트남스러운 곳을 찾을 수 없었다고 한다. 그런 이유로 효뜨가 추가 촬영 장소로 결정된 것이다(영화 초반, 베트남 시내에서 형사들이 모여 술을 마시는 배경이 된 곳이 효뜨다.).

효뜨, 남박, 꺼거를 만들 때까지는 내가 기획하고 감리를 하는 정도였지만, 키보는 내가 1부터 10까지 모든 것을 다 했다. 키보는 10평으로 공간이 좁아서 한 달 정도면 인테리어를 끝낼 수 있었지만 나는 석 달 이상 작업을 진행했다. 금속 설비, 가스, 전기, 목공, 바닥, 페인트, 주방까지 모든 기술자를 만나 내가 생각하는 가격대로 가능한지, 내가 표현하고 싶은 것이 가능한지 물어보고, 안 된다고 하면 또다시 물어보고 하면서 실패와 도전의 과정을 여러 번 거쳤다. 이렇게까지 한 이유는 내가 직접 인테리어를 하겠다는 생각이 아니라, 인테리어의 공정을 모르면 앞으로 다른 가게를 론칭할 때도 기술적인 대화가 불가능할 것 같았기 때문이다. 그래서 일일이 모든 공정에 참여하고 체크했다.

나에게 요리는 어려운 일이 아니다. 초밥이나 피자 같은 음식도 내 전공이 아니기 때문에 조리하는 데 시간이 걸릴 수는 있어도 못 하진 않는다. 그러나 요리 외 다른 분야는 문외한이다. 그렇지만 배워서 못 할 건 없다. 무언가를 만드는 사람은 시간이 걸릴 뿐이지 자기만의 노하우가 있다. 나는 급하게 서두르고 싶지 않다. 조금 느려도 천천히, 그렇지만 단단하게 앞으로 나아갈 것이다. 어차피 100년 인생 아닌가.

상권에 따라 달라지는
공간 기획

효뜨를 창업하고 난 뒤 가장 아쉬웠던 점은 공간 선택이었다. 효뜨는 2층 건물인데, 처음 계약할 때 공간이 구조적으로 문제가 많을 것이라는 생각을 하지 못했다. 겉으로 보았을 때 좋은 자리라는 것만 생각하고, 시설이나 효율성이 있는 공간인지 미처 살피지 못한 것이다. 요리를 10년 넘게 했지만, 공간에서 발생할 일에 대해 전혀 예상하지 못했다. 이는 나뿐만 아니라 가게를 처음 하는 사람이 흔히 겪는 일이다. 공간을 보는 눈은 경험이 쌓이지 않으면 알기 쉽지 않으니까 말이다. 나 역시 어느 정도 경험이 쌓였을 때 비로소 눈이 조금 트였다. 여기서는 나를 통해 누군가 실패의 경험을 조금이나마 줄일 수 있기를 바라며 공간에 대해 몇 자 적어보려고 한다.

첫째, 공간을 선택할 때, 특히 외식업에서는 동선이 효율적인

Part 3.   （공간, 브랜딩） 한국에서 가장 베트남스러운 공간

지 확인해야 한다. 주방과 홀에서 일하는 사람들의 동선이 엉켜버리면 일이 효율적으로 이뤄지지 않는다. 효율적이지 않다는 것은 서비스의 속도와 관계가 있고, 관리에 문제가 있으면 직원을 더 고용해야 하는 상황이 생긴다. 이는 결국 매출에도 영향을 미칠 수밖에 없고, 장기적으로 보았을 때 결코 좋은 결과를 얻을 수 없다.

공간이 1, 2층으로 나뉠 경우, 음식은 어떻게 서빙할 것인지, 서비스는 어떻게 할 것인지 등에 대한 답을 가지고 있어야 한다. 그런데 나는 충분한 고민 없이 덜컥 계약부터 해버렸다. 덕분에 지금의 효뜨 용산점(본점)은 첫 오픈과 비교해 많은 부분이 달라졌다.

불안정했던 주방을 안정화시키는 과정에서 공사를 여러 번 다시 했다. 연기 문제로 공사를 하기도 하고, 주방이 좁아서 확장을 하는 등 이런저런 공사를 많이 했다. 영업을 하면서 일주일씩 휴업을 하고 공사한다는 것은 쉽지 않은 일이다. 그럼에도 장기적으로 본다면 꼭 필요한 일이라고 생각했다. 그렇게 주방과 내부 인테리어를 조금씩 변경하고 채워나가면서 지금의 효뜨가 만들어졌다. 지금도 여전히 만족스럽지 않고 바꾸고 싶은 부분들이 있지만, 시간과 비용, 찾아오는 손님들로 인해 계속 유지하고 있는 중이다.

둘째, 공간을 선택했다면 그 상권에 맞는 인테리어를 해야 한다. 나는 주 타깃층에 따라 인테리어를 어떻게 할 것인지 고민한다. 효뜨는 지점마다 모두 인테리어가 다르다. 효뜨 용산점의 정식 명칭은 '효뜨 포비아'다. 포비아는 베트남의 길거리에서 흔히 볼 수 있는 요리와 맥주를 파는 좌판이다. 용산을 찾는 젊은 층을 타깃으로 생동감 넘치는 하노이 특유의 길거리 정서를 콘셉트로 했다. 효뜨 분당점은 여행을 많이 다니는 40~50대가 주 타깃층으로 용산점보다 연령층이 높다. 그렇다 보니 용산점보다 좌석이 편안한 호치민의 캐주얼한 레스토랑 느낌으로 연출했다. 여의도점(2024년 6월 오픈 예정)은 베트남 달랏에 갔을 때 받은 영감으로 꾸미고 있다. 달랏은 우리나라처럼 사계절 꽃이 피고 숲과 정원, 폭포, 호수 등 청정 자연이 숨 쉬는 고원 도시로, 직장인이 많은 여의도의 특성상 휴식과 안정감을 줄 수 있는 공간으로 꾸미고 싶었다. 2023년 12월에 오픈한 강남점은 유럽 출장 중에서 접했던 베트남 식당에서 영감을 받았다. 프랑스나 영국, 미국, 캐나다 등에는 월남 전쟁(1960~1975) 패망을 전후로 해로를 통해 탈출한 베트남 사람들이 정착해서 만든 식당이 많다. 고향을 등지고 떠난 보트피플들의 애환이 느껴지는 베트남 식당을 돌면서 많은 생각이 들었다. 그리고 그때 전통 베트남과는 다른 서사를 가지고 있던 유럽의 베트남 식당을 강남점에 재현하고 싶었다.

분점을 낼 때, 프랜차이즈처럼 똑같은 인테리어로 매장을 꾸밀 수도 있고 그편이 훨씬 피로도가 덜하다. 그러나 나는 쉬운 길을 선택하고 싶지 않다. 만약 분당점을 용산점처럼 똑같이 꾸몄다면 장사가 잘되지 않을 것이라고 확신한다. 사람도 때와 장소에 따라 의상을 선택한다. 공식적인 석상이나 비즈니스 자리에는 히피 스타일

Part 3. （공간, 브랜딩）한국에서 가장 베트남스러운 공간

이 어울리지 않고, 산행하면서 클래식한 정장을 입지 않는 것처럼 어떤 상권, 주요 타깃층이 누구냐에 따라 그에 맞는 분위기의 옷(인테리어)을 입어야 한다.

　나도 사람이다 보니 가끔은 어울리지 않는 옷을 입고 나섰다가 아뿔싸, 후회하기도 한다. 신사동 키보가 그런 곳이다. 아무리 잘 되는 가게도 상권에 따라 똑같은 콘셉트를 적용하면 성공하지 않는다는 것을 잘 알고 있으면서도 순간적인 판단 미스를 했다. 아마 키보 용산점의 성공에 취한 탓일 것이다. 역시나 현실은 냉정했다. 키보 신사점은 용산점만큼 매출이 오르지 않았다. 현재 신사동에는 많은 하이볼 바와 이자카야, 스탠딩 바가 생기고 있다. 과연 키보가 그들과 경쟁이 될 수 있을까? 의문점이 생기자마자 거듭 고민했고, 결국 키보 신사점은 재즈를 들으면서 가볍게 하이볼을 마실 수 있는 곳으로 콘셉트 자체를 완전히 바꾸고, 가게 이름도 '재즈 키사'로 변경하였다. 재즈 바로 변경한다고 해서 다른 가게와 경쟁하지 않는다는 의미는 아니다. 재즈 바로 변경하면 이자카야나 스탠딩 바와는 경쟁하지 않겠지만, 그 대신 라운지 바나 위스키 바와 경쟁하게 될 것이었다. 그럼에도 재즈 바가 신사동에서는 경쟁력이 있다고 판단했다. 지금 나는 재즈 키사에서 공연을 하면 어떨지 구상 중이다. 프로가 하는 일반 공연이 아니라 공연을 하고 싶어 하는 대학생이나 아마추어들에게 기회를 주는 열린 공간으로 말이다. 어딘가에는 무대를 갈망하는 많은 사람이 있지 않을까? 지금은 구상 단계이지만,

구체적인 아이디어를 덧붙이면 실현 불가능한 일은 아닐 것이다.

셋째, 주방 조건에 맞춰 메뉴를 신중하게 선정해야 한다. 단적으로 동선을 짜기 편하고 주방의 조건이 좋은데, 공기 순환이 제대로 되지 않는 구조라면 연기가 많이 나는 메뉴를 선정해서는 안 된다. 가게를 바꾸거나 연기가 덜 나는 반미(베트남식 바게트 샌드위치) 전문점을 고려해봐야 하는 것이다.

메뉴가 많으면 일단 소비자에게는 좋다. 옵션이 많으면 그만큼 유리하기 때문이다. 백화점 푸드코트에 사람이 언제나 붐비는 것도 그와 같은 이유에서일 것이다. 하지만 모든 가게가 푸드코트일 수는 없다. 손님이 많으면 손이 많이 가는 음식을 할 수 없다. 조리 시간이 오래 걸리면 고객의 불만족도가 올라가고, 회전율도 높지 않다. 매장이 좁아도 많은 메뉴를 만들지 못한다. 매장이 좁은데 많은 메뉴를 하면 동선이 꼬이고, 동선이 꼬이면 많은 문제가 발생한다. 효뜨가 그랬다. 가게를 찾는 고객이 크게 늘면서 처음 가게를 시작하면서 만든 주방으로는 효뜨의 메뉴를 소화할 수 없었다. 주방 공사가 불가피했다.

창업 시에는 가장 먼저 누구에게 판매할 것인지 정해야 한다. 그런 다음 매장(주방) 크기에 따라 콘셉트를 정하고, 하드웨어를 정한다. 만약 50평 매장이라면 주방을 20평가량 쓸 수도 있다. 홀이 크면 많은 사람이 찾아올 수 있고, 주방이 크면 다양한 서비스가 가능하다. 만약 매장이 작다면 메뉴는 단순할수록 좋다. 작은 매장에서 20가지의 메뉴를 할 수는 없기 때문이다. 단순한 원리다.

효뜨를 용산에 론칭한 것은 내 주 활동 범위가 용산구였기 때문이다. 내가 20대에 취업해서 일했던 곳도 한남동과 경리단길이었고, 자취도 경리단길, 신혼집도 용산이었다. 솔직히 내가 강남이나 잠실, 경기도권에 식당을 차린다는 것은 상상이 잘 안 됐다. 용산이 익숙하기도 했지만 집과의 거리도 고려했다. 집과 가까우면 그만큼 벌 수 있는 시간이 많기 때문이다.

새로운 상권을 선택할 때 연구를 많이 하지만, 유독 끌리는 곳은 동네 골목이다. 상권이 발달하지 않은 곳이 더 매력적으로 다가오기도 하거니와 임대료나 권리금이 너무 비싼 곳은 나랑 잘 맞지 않는다고 느낀다. 건대나 홍대가 있는 대형 상권보다 동네 골목에 더 큰 매력을 느낀다. 골목을 걸으며 '이곳에 내가 만든 브랜드가 하나 있으면 참 멋있겠다'는 생각을 자주 한다. 내가 잘 모르는 상권은 거르는 편이다. 잠실이나 성수동은 내가 잘 모르는 곳이다. 잠실은 타운 형태로 되어 있고, 가족 단위가 많으며, 주변에 큰 시설이 많다는 정도만 알고 있다. 하지만 이 정도는 창업에 관심이 없는 사람도 알고 있는 상식 수준이다. 자신이 잘 알지도 못하는 상권에 가게를 낸 사람이 상권을 정확하게 꿰뚫고 있는 사람보다 장사를 잘 할 수 있을까? 어불성설이다.

마음을 담은
브랜드 네임

내게는 기르던 강아지가 있었다. '누룩 국麴'에 암컷이라서 '순'을 붙인 '국순'이었다. 국순이는 우리 부부를 이어준 강아지이기도 하다. 지금의 아내와 10년 동안 만나며 매너리즘에 빠져 있던 나는 '아, 우리는 조만간 헤어지겠구나' 생각하면서 이별을 예감하고 있었다. 그런데 우연한 계기로 강아지를 키우게 되면서 대화가 다시 살아나고, 새삼 서로에 대한 사랑을 깨달으며 결혼까지 할 수 있었다. 결혼 후 우리 부부는 장기 세계 여행을 가게 되었는데 국순을 데려갈 수 없어 부모님에게 맡겨두고 떠났다. 그런데 3개월 뒤 국순이가 사고로 죽었다는 소식을 들었다. 우리 부부는 너무나 큰 충격과 슬픔에 빠졌고 귀국을 결정하게 되었다. 국순이와 갑자기 헤어지면서 나는 생명이 그렇게 쉽게 꺼질 수 있다는 것에 놀랐고, 가까이 있는 부모, 사랑하는 사람과의 인연이 더욱 소중하게 느껴졌다. 멀리

떠나 있는 동안, 누군가 또 내 곁을 떠날 수 있다는 생각이 들었고 그 생각은 여행을 포기하게 만들었다. 국순이는 내 인생에서 가장 소중하고 슬픈 기억 중 하나이다.

'굿손GoodSon'은 업계 선배로서 내가 존경하는 박영식 대표가 운영하는 미식 큐레이션 플랫폼 캐비아에프KIVIAR F와 협업해서 브랜딩한 베트남 프랜차이즈다. 캐비아에프는 '셰프 상생 프로젝트'를 진행하는 일반 프랜차이즈와 성격이 다른 회사다. 캐비아에프의 첫 번째 사업은 셰프 혹은 브랜드의 IP(Intellectual Property Rights, 지식재산권)를 활용한 HMR(Home Meal Replacement, 가정간편식) 사업이었다. 좋은 메뉴가 있어도 셰프 한 사람 혹은 하나의 가게가 공장을 만들고 전국에 유통할 수 있는 경로를 갖추기는 힘들다. 그렇지만 회사를 통하면 이야기가 달라진다. 효뜨는 캐비아에프를 통해 쌀국수를 출시한 적이 있고, 두 번째 사업으로 좋은 셰프들과 프랜차이즈를 만드는 게 목표였다. 그리고 그 시작이 굿손이었다.

굿손은 국순을 잊지 않기 위해 지은 이름이다. 사람의 기억력은 하찮아서 아무리 소중했던 대상이나 순간이라도 시간이 흐르면 잊히기 마련이다. 하지만 나는 국순을 오래 기억하고 싶었고, 국순을 기리고 싶었다. 비록 똑같은 이름은 아니지만, 나는 굿손에 나만의 숨은 의미를 담아두었다.

내가 만든 브랜드의 이름이 재미있고 좋다는 이야기를 많이 듣는다. 나 역시 네이밍이 결코 쉽지 않다. 그렇다고 어렵게 접근하지도 않는다. 효뜨는 베트남어로 '효자'라는 뜻이다. 내게 가장 절실했던 마음, 성공해서 부모님을 돕고 싶었던 마음을 담았다. 남준영과 아내 박지은의 성을 하나씩 따서 지은 남박의 의미도 단순하다. 우리 부부가 평생 할 수 있는 가게가 되었으면 하는 염원을 담은 것이다. 성을 따서 지은 단순한 명칭이지만, 내겐 너무 멋있고 매력적이기만 하다.

꺼거는 이름부터 먼저 지은 케이스다. 효뜨와 남박을 운영하면서 홍콩이나 중국 관련된 식당을 열고 싶었던 나는 '일단 이름부터 지어볼까?'라는 생각을 했다. 같이 일하던 팀원과 이야기를 나누며 괜찮은 두 글자를 찾고 있었는데, 그가 '형제'라는 단어를 꺼냈다. 순간 그 단어가 귀에 쏙 들어왔고, 포털로 중국어를 검색하다 꺼거를 찾았다. 꺼거는 발음이 의성어 같기도 하고 재미있어서 외우기도 쉬웠다. 같은 이름의 중국집이 있을 것 같았지만, 다행히 없었다. 그래서 바로 사업자를 등록했다. 꺼거를 론칭한 후에 안 사실인데, 중국어로 꺼거는 형제가 아니라 형, 오빠를 칭하는 단어였다. 생각해보니 1980~1990년대 큰 인기를 모았던 홍콩 배우 장국영의 별명이 '꺼거♦'였다. 중국에서는 사랑하는 아내를 꺼거라는 애칭으로 부르

♦   영화 〈천녀유혼〉(1987)에서 여배우 왕조현이 장국영을
     친근하게 "꺼거"라고 부르면서 붙여진 별명.

WOK WOK
STIR FRY 哥

哥

牛肉 豚肉 菜肉 海物 菜蔬

한강대로48길
Hangang-daero 48-gil

10

吉大宅進

[gē ge]
1. 尊稱中國且比他大的男人
2. 親愛的 女人稱呼她的戀人或丈夫的暱稱

哥哥

謝謝你的拜訪，玩得開心。

將一切平凡事
變得美麗

Coca-Cola

Coca-Cola

Coca-Cola

中华大饭店

有内涵的食物，实惠的饭菜

猪肉炒面 鸡肉炒面 牛肉炒面 鴛鴦炒飯 麻婆豆腐 麻婆豆腐

打开
OPEN

기도 한다고 한다. 한 블로거가 접시에 담긴 아내 사진을 보고, 내가 사랑스러운 아내를 위해 접시를 만들고 꺼거라고 네이밍까지 했다며 SNS에 올린 걸 봤는데, 굳이 바로잡지는 않겠다.

　　내가 네이밍에서 가장 중요하게 생각하는 것은 포털을 검색했을 때 그 단어만 나와야 한다는 것이다. 가령 '행복'이라는 단어를 검색하면 행복빌라, 행복하우스, 행복인테리어, 행복이사, 한끼의 행복, 행복베이커리, 행복플러스 등 다양한 업체와 이름이 뜬다. 최근 많이 선호하는 형용사로 이름 지을 때도 마찬가지다. '사소한'을 검색하면 사소한커피, 사소한차이, 사소한취향 등 카페, 베이커리, 공방 등 다양한 업체가 뜬다. 반면 효뜨를 검색하면 첫 번째로 효뜨가 뜬다. 꺼거도 꺼거 본점과 꺼거 분당점, 지봉이네 by 꺼거, 이렇게 딱 세 곳만 뜬다. 키보는 키보 건설, 화장품 등 몇몇 브랜드가 있기는 하지만, 가장 먼저 소개가 되는 것은 이자카야 키보다. 사랑이 뭐길래의 경우는 나의 또 다른 도전이었지만, 이곳도 플레이스 정보란 맨 처음에 이름이 뜬다.

　　이름을 텍스트화했을 때 예쁜 것도 좋지만, 가장 중요한 것은 포털에서 검색했을 때 최소 첫 페이지에 있어야 한다는 것이다. 이것은 수많은 식당과 쏟아지는 정보 속에서 살아남을 수 있는 가장 기초적이고도 중요한 부분이다. 그러므로 네이밍은 단순하게 생각하고, 치열하게 고민해야 한다.

　　누군가 가장 좋은 이름은 '기억하기 쉬운 이름'이라고 했다. 이름은 예뻐야 하는 것이 아니라 부르기 쉬워야 하고, 재미있어야 하고, 기억하기 쉬어야 한다. 또 이름 안에 내가 전하고자 하는 메시지가 담겨 있어야 한다. 부모들이 자녀의 이름을 지을 때 예쁜 것만 보지 않는다. 도하(到河, 대중의 사랑과 존경을 받아 이름을 널리 알리라는 의미), 수길(壽吉, 행복하게 오래오래 살라는 뜻), 유영(裕詠, 성공과 결실을 모두 이루는 삶을 살라는 뜻) 등 자식이 잘되기를 바라는 마음을 담아 작명한다. 순우리말 이름도 마찬가지다. 가온(세상의 중심이 되라는 뜻), 한울(큰 울타리처럼 다른 사람들을 포근하게 감싸는 넓은 사람이 되라는 뜻) 등 좋은 의미를 내포하고 있다.

네이밍을 할 때 사전에서 검색하는 등 먼 곳에서 찾으려고 하는 사람들이 많다. 그보다는 먼저 내가 소비자에게 전달하고 싶은 메시지, 내게 소중한 추억, 가치관, 철학 등에서 찾아보는 것은 어떨까. 그 속에서 의외로 좋은 이름을 발견하게 될지도 모른다.

Part 3. (공간, 브랜딩) 한국에서 가장 베트남스러운 공간

매장의 분위기를
완성하는 음악

용산에 해장할 수 있는 국숫집을 만들면 재미있겠다는 생각으로 상권을 돌아보다가 오래전부터 구상해두고 있던 술집에 생각이 미쳤다. 주변에 직장인이 많았고, 이미 여러 가지 콘셉트의 음식점을 하고 있으니 그 음식을 좀 더 구체화해서 편안하게 와인을 즐길 수 있는 공간을 만들면 좋을 것 같았다. 당시 내추럴 와인♦ 바가 많이 생기다 보니 나는 일반 컨벤션 와인을 즐길 수 있는 공간을 만들기로 마음먹었다. 이렇게 타깃과 종목도 결정했는데, 문제는 그다음이었다.

♦ 포도에서 와인으로 만들어지는 과정에서 인간의 개입을 최소화하여 가장 순수한 형태로 만들어진 와인. 숙취가 적지만, 비싼 것이 단점이다.

'이곳에 왜 와야 하나?'

누군가 내게 "행복하세요?" 하고 물어보면 나도 사실 잘 모르겠다. 일이 너무 많고, 하루하루를 힘들게 살고 있기 때문이다. 그렇다고 불행하지는 않다. 우리는 의외로 슬펐던 과거를 돌아보는 순간 행복을 느낀다. 시간이 흐르고 사랑, 이별, 연민 등 많은 감정을 느꼈던 때를 돌아보면 그때가 소중하고, 그립고, 행복했다는 것을 깨닫게 되기 때문인 것 같다. 이를테면 할머니가 돌아가실 당시에는 너무 슬퍼도, 시간이 흘러 과거 사진첩을 꺼내 다시 보고 있으면 할머니가 살아 계셨을 때가 너무 소중하고, 그립고, 행복했다고 느끼는 것처럼 말이다.

슬픈 기억이 오래되어 그리움이 되면 더 애틋하고 소중해진다. 그래서 나는 1980~90년대 음악을 듣는 것이 좋다. 현재는 힘들고 고되지만, 또 노래를 들으며 과거를 회상하면 슬프기도 하지만, 그때 당시의 따뜻함을 느끼기 때문이다. 이런 생각에 이르렀을 때, 나와 같은 감정을 느끼는 사람들이 분명 있을 것 같았다.

'슬픔을 치유받을 수 있는 공간은 어떨까?'

나는 와인 바가 사람들이 위로받을 수 있는 공간이 되길 바랐고, 와인 바의 이름도 평소 나의 네이밍 원칙과는 조금 다르게 '사랑이 뭐길래'로, 서브 타이틀은 'Sad Club'으로 지었다. 미술을 전공한 사장과 협업해 액션 페인팅을 시도한 벽의 흔적은 슬픔이기도 하고, 설렘이기도 하다. 사랑이 뭐길래는 다른 와인 바처럼 세련되고 각 잡힌 분위기는 없지만, 와인 한잔하며 옛 추억을 곱씹을 수 있는 곳이다.

우리가 실연당하거나 슬픈 일이 있을 때 오히려 더 슬픈 노래를 찾아 듣는 것은 '이런 일이 내게만 일어나는 것이 아니구나' 하는 데서 위로와 공감을 얻기 때문이다. 그리고 나는 이런 행위를 통해 마음이 치유된다고 생각한다. 그래서 사랑이 뭐길래에서는 주로 1990년대와 2000년대를 풍미한 발라드 음악을 튼다. 노래도 신청할 수 있다. 단, 슬픈 노래여야 한다.

음악은 영혼을 위로한다. 그런데 열에 여덟은 영혼 없는 음악을 틀어놓는다. 아마도 음악이 가게 매출과 상관이 없다고 생각했을 것이다. 하지만 분명히 말하건대, 음악 선정도 매장의 메시지를 전달하는 하나의 도구이며, 매장 분위기를 좌우하는 중요한 키포인트다.

효뜨를 오픈했을 때 음악 때문에 고생을 많이 했다. 점심시간에 가게를 찾는 직장인들에게 활력을 주는 템포 빠른 곡이 좋은지, 반대로 차분하게 식사할 수 있도록 조용한 노래가 좋은지 알 수 없어 곡을 많이 바꾸며 테스트를 했다. 손님이 많으면 신나는 노래를 틀기도 하고, 손님이 적을 때는 차분하지만 공간이 비어 보이지 않도록 약간 리듬감이 있는 음악을 트는 등 미리 리스트업을 해서 상

황이나 계절에 맞게 음악을 틀었다. 음원마다 소리의 강약이 약간씩 다를 때는 1층과 2층을 뛰어다니며 음악을 바꾸기도 했다. 이렇듯 음악을 선곡하는 것만으로도 많은 에너지를 소모해야 했지만, 비단 음악뿐이겠는가. 조명이나 화분 하나, 작은 소품 하나 중요하지 않은 것이 없다.

최근 불경기의 여파로 와인 시장 역시 큰 타격을 받으며 많은 가게가 경영난을 겪거나 문을 닫았다. 그런 와중에도 사랑이 뭐길래는 꾸준히 잘되고 있다. 솔직히 수익성이 아주 크다고는 할 수 없다. 하지만 어려운 와인 시장에서 선방하고 있는 건 분명한 사실이다. 그리고 그렇게 될 수 있었던 이유는 내가 '전달'하고 싶었던 콘텐츠가 정확히 손님들에게 통했기 때문일 것이다.

Nam's Note

☐ **분위기는 아주 사소한 것에서 결정된다**

포인트 없이 소품만 가져다 늘어놓거나 컬러만 조합한 내부
는 좋은 인테리어라고 볼 수 없다. 한 곳에는 포인트가 되는
인테리어가 있어야 한다. 예를 들어 바닥 타일에 포인트를
주면 가게의 분위기가 180도 달라진다. 시공할 때의 선 방
향, 타일 컬러, 포인트 타입 등이 잘 어우러져 이국적 분위기
를 만드는 것이다.

☐ **주방 효율은 디테일에서 나온다**

좋은 식당은 뛰어난 품질, 알맞은 온도의 요리가 신속하게
나간다. 음식 주문을 마친 손님을 30분, 1시간씩 기다리게
할 수는 없다. 효율적인 주방은 기본이다. 행주, 식기, 식재
료 등 주방에서 필요한 것을 정해진 곳에 두고 동선을 짜는
데 집중하라.

☐ 메뉴는 주방 조건에 맞춰 선정하라

공기 순환이 되지 않는 곳에서 연기 나는 음식을 만들면 안된다. 매장 평수에 따라 메뉴 개수도 적절히 조율해야 한다. 메뉴가 많다고 무조건 좋은 가게가 아니다. 음식을 기다리는 시간부터 시작해 고객이 불편하게 느낄 만한 요소를 고려해야 한다.

☐ 브랜드명은 상위 노출을 먼저 고려하라

브랜드명은 포털에 검색했을 때 그 단어만 나오거나 최소한 맨 위에 나올 수 있게 지어야 한다. 아무리 좋은 이름이라도 검색했을 때 여러 업장이 뜨면 변별력이 없을 수밖에 없다.

문제 앞에서 시작하는

Part 4.

(문제해결)

새로운 시도

주력 메뉴가
팔리지 않을 때

사람마다 성공의 기준은 다르겠지만, 내게 성공은 일상이다. 오늘 하루를 큰 사건 없이 무사히 견뎌냈으면 그것이 성공이고, 이번 달 월세를 늦지 않게 냈다면 그것도 성공이다. 뒤집어서 말하면 나는 매일 실패를 경험한다는 뜻이기도 하다. 미팅이 매끄럽지 않게 끝나면, 생각만큼 매출이 오르지 않으면 그것이 실패다. 내가 세운 가설을 입증하지 못해도 실패다. 물론 실패가 곧 좌절을 의미하는 것은 아니다. 틀에 박힌 말 같지만, '실패는 성공의 어머니'라는 교훈처럼 일상의 실패가 나를 깨닫게 하고, 그 깨달음이 성공으로 이어지는 경우가 많기 때문이다.

처음 효뜨를 론칭했을 때 주력 메뉴가 팔리지 않았다. 실패였다. 손님에게 물어보기도 하고, 모니터링도 하고, 직원들과 상의하면서 무엇이 문제인지 찾았다. 해답은 생각보다 가까운 곳에 있었다. 내겐 너무나 익숙한 베트남 요리가 일반인들에게는 너무 낯선 음식이었던 것이다.

효뜨는 베트남 음식을 전문으로 하는 비스트로다. 한식 메뉴가 없다. 우리는 제육볶음, 순두부찌개라고 하면 굳이 설명하지 않아도 쉽게 맛과 모양을 상상하고, 주문하는 데도 거부감이 없다. 하지만 베트남 요리를 전혀 모르는 사람이 퍼싸오, 분하이산, 보룩락, 이런 메뉴명만 보면 아무런 이미지가 떠오르지 않을 것이다. 호기심이 강하지 않은 이상, 모르는 음식을 먹으려고 하는 사람은 많지 않다. 블로그에서라도 봤거나 어딘가에서 들어본 것 같은 익숙한 메뉴를 찾게 된다. 이 단순한 사실을 몰랐던 나는 그제야 메뉴판에 사진과 설명을 달았다.

베트남식 볶음면(퍼싸오), 매운 해산물 쌀국수(분하이산), 소고기볶음과 샐러드를 곁들인 프랑스식 베트남 요리(보룩락)라고 단순히 텍스트로 설명을 달아도 됐지만, 친절하게 사진까지 곁들인다면 손님들의 메뉴 선택이 훨씬 더 쉬워질 것이라고 생각했다. 베트남식 국밥이라고 썼던 음식 이름도 과감하게 신용산 국밥으로 바꿨다. 이렇게 메뉴판과 음식 이름을 바꾼 것만으로도 불티나게 팔렸다.

매장을 내기만 하면 대박 날 것이라고 생각하는 사람이 많지만, 현실은 상상과 다르다. 수많은 시행착오를 겪으면서 고치고, 바

분팃느엉 Bun thit nuong
/ 21,000

짭조름한 돼지고기, 신선한 채소,
동남아 허브와 쌀국수 면을
새콤달콤한 느억맘 소스에 비벼 먹는 요리
효뜨만의 스타일로 풀어낸 남부식 분팃느엉

Salted pork, fresh vegetables, herbs and rice noodle
Hochiminh-style Bibim noodle

쌈밥 Ssambap
/ 2,000

감칠맛 폭탄인 장 소스와
식감이 매력적인 반호이를
쌈 형태로 먹어버리기
그리고 상큼한 절임류 세 가지로 마무
효뜨 스타일로 풀어낸 비엣남 타파스

Hieutu - style Vietnam tapas
• 2pcs 이상 주문 가능 •

꾸고, 채워나가야 한다. 사랑이 뭐길래라는 와인 바를 상상하면서 한식과 와인의 조합이 나름 신선하고 재미있는 기획이라고 생각했다. 그러나 실제로 바를 운영하면서 문제에 봉착했다. 내 능력이 부족한 탓이겠지만, 한식으로 풀어낼 수 있는 표준 음식과 와인을 페어링하는 데 한계가 있었다. 결국 수정을 거치면서 처음 의도에서는 살짝 비껴간 아시안 퓨전 와인 바라는 색채를 지니게 되었다.

쌀국수 전문점인 남박도 처음과 많이 달라졌다. 초창기에는 온종일 동남아의 사원에서나 들을 법한 신비롭고 조용한 음악을 틀었다. 남박의 콘셉트가 혼자 식당을 찾아와도 전혀 부담스럽지 않고, 사람들에게 요리로 위안을 전달하는 치유의 공간이었기 때문이다. 그러나 지금의 남박은 힙한 음악이 흐르는, 제법 떠들썩한 식당이 되었다. 시작과 다르게 바뀌어가는 식당을 보며 조금은 안타까운 마음이 들기도 한다. 하지만 근본이 되는 콘셉트가 훼손되지 않는다면 내 생각만을 고집하지 않는다. 부모 생각처럼 되는 자식이 없듯, 식당도 그렇다. 내가 아무리 자식을 의사로 키우고 싶어 해도, 자식이 예술가가 되고 싶다면 그 꿈을 응원하며 지지해주어야 하지 않겠는가.

나는 계속 변화해왔다. 물론 그 과정에서 뼈 아픈 실패를 경험하기도 했지만 그런 와중에도 계속해서 디테일을 살리는 작업을 진행했다. 여러 피드백을 받으면서 그중에 공통된 것들을 찾았고, 비록 내가 지키고 싶은 맛과 분위기가 있다 해도 피드백을 수용하려고 노력했다. 소비자와 나 사이의 간극을 줄이는 일은 매우 중요하다. 내가 상상하는 것과 소비자가 상상하는 것이 전혀 다를 수 있다는 것을 인정해야 하는 일이기 때문이다.

장사가 잘 안 되면 매장을 방문한 손님에게 "이 메뉴를 주문하지 않는 이유가 있을까요?"라고 물어볼 수도 있고, SNS에 올라온 리뷰에서 힌트를 얻을 수도 있고, 직원들의 의견을 참고할 수도 있다. 문제를 진단하고 개선할 방법을 찾지 않은 채 '왜 장사가 잘 안 되지?' 머리만 싸매고 있다고 해서 어느 날 갑자기 메뉴가 불티나게 팔리지는 않을 것이다. 물론 문제를 해결했는데도 판매가 되지 않는다면, 그때는 새로운 메뉴를 고민해보아야 한다.

나는 브랜드를 론칭하기 전은 물론 장사를 하면서도 끊임없이 더 나은 방법이 없는지 고민한다. 남녀노소 타깃은 맞는지, 애견 동반을 가능하게 할 것인지 말 것인지, 주류를 다룰 것인지 말 것인지 등 무엇이 더 나은 방향인지 찾아 헤맨다. 효뜨의 점심 매출이 안정권에 접어든 후에는 '점심에 오는 손님들이 메뉴판을 펼쳤을 때 디너 메뉴를 먼저 보면 저녁에 찾아올 수도 있지 않을까?' 하는, 사소한 부분까지도 고민했다(메뉴판의 순서를 바꾼 덕분에 실제로 매출이 늘었다). 나는 장사가 잘되지 않을 때도, 잘될 때도 늘 고민한다. 아무것도 하지 않으면 성장 곡선이 멈춘다고 믿기 때문이다.

오늘도 나는 여전히 실패하고 있다. 그러나 그 실패가 나를 도전하게 하고, 결국에는 성공으로 이끌 것이다.

효뜨 오픈 때부터 지금까지
매장 음악에 신경을 참 많이 썼다.
손님이 많지 않을 때 혹은 많을 때
매일의 날씨 그리고 계절에 따라 플레이 리스트를 변경한다.

평일 점심에는 식사를 즐길 수 있도록
빠른 템포보다는 잔잔한 노래를,
손님이 많고 복잡할 땐 소리에 신경이 덜 가는
가사 없는 기분 좋은 멜로디의 음악을 튼다.

음악 소리는 공간에 맞게 채워나가야 한다.
손님이 많지 않을 때 음악 소리만 크다면
공간이 채워지기보다 오히려 공허한 느낌을 준다.

인기 플레이 리스트를 트는 것은 나쁜 게 아니다.
다만 어디서나 들을 수 있는 음악보다
우리가 생각하는 음악을 들려준다는 것은
고객에게 줄 수 있는 또 하나의 성의라고 생각한다.

그래서 오늘 나는 미뤘던 플레이 리스트를 정리해보려고 한다.

맛의 한 끗을 위해

보통 사람이 아무리 열심히 공부해도 천재를 이기는 건 어렵다. 하지만 《토끼와 거북이》의 거북이처럼 꾸준히 걸어가다 보면 천재에 근접할 수는 있을 것이다. 김연아가 세계 최정상의 피겨 여왕이 될 수 있었던 것은 차가운 아이스링크 위에서 피땀 흘리며 보냈던 수많은 시간과 수천, 수만 번의 연습이 있었기에 가능했던 일이다. 좋은 요리사가 되기 위해서도 뜨거운 불과 조리장에서 보내는 수많은 반복적인 시간이 필요하다.

'요리는 정성', '요리는 손맛'이라고 하지만, 요리는 과학이다. 요리에는 수학 공식처럼 꼭 지켜야 하는 원칙이 있기 때문이다. 재료를 삶고, 볶고, 익히는 데는 절대적인 시간이 필요하다. 바쁘다고 순서와 절차를 어기면 요리의 맛은 저하된다. 충분히 달궈지지 않은 기름에 재료를 넣으면 튀김이 눅눅하고 맛이 없어지는 것처럼 정성은 시간을 들이는 데 필요한 하나의 요소이다.

요리가 과학이라는 말은 재료와 양념을 넣는 순서에 따라 맛이 정해진다는 걸 알면 쉽게 이해할 수 있다. 설탕의 분자는 소금보다 크다. 그래서 설탕을 먼저 넣고 소금을 넣어야 단맛이 잘 스며든다. 소금을 먼저 넣고 설탕을 넣으면 촘촘한 소금의 분자가 이미 재료에 스며들어 거대한 설탕 분자가 재료 속으로 스며들 수 없다. 그래서 아무리 설탕을 많이 넣어도 단맛이 나지 않는 것이다. 식초는 휘발성이 강해 요리 후반부에 넣어야 맛이 유지되고, 참기름을 처음에 넣으면 다른 맛이 스며드는 것을 방해하기 때문에 마지막에 첨가해야 한다.

맛은 화학적 반응이다. 비결이나 비법이 있어 요리가 마법처럼 완전히 변하는 경우는 없다. 요리사들이 음식을 먹고 어떤 재료의 맛인지 정확하게 알아맞히는 것은, 조미료 맛이 정해져 있기 때문이다. 콩으로 메주를 쑤지, 팥으로 메주를 만들지는 못한다. 온도에 따라서도 맛은 달라진다. 식은 요리가 맛이 없게 느껴지는 것은 쓴맛과 짠맛이 강해지기 때문이다. 요리를 과학이라고 하는 이유가 바로 여기에 있다.

요리사의 센스도 중요하다. 요리는 한 끗 차이기 때문이다. 설탕을 한 꼬집 넣느냐 마느냐, 식초를 한 방울 넣느냐 마느냐의 차이로 요리의 맛과 식감이 절대적으로 달라지기도 하고, 단맛을 무엇으

Part 4. （문제해결）문제 앞에서 시작하는 새로운 시도

로 내느냐에 따라서도 퀄리티가 달라진다. 하지만 이런 센스도 훈련을 거듭하다 보면 어느 정도 커버된다. 예를 들어 이사하면서 거실 테이블의 조명을 달아야 한다고 생각해보자. 인테리어에 관심 없는 사람은 추천템이나 가격대만 보고 대충 고르겠지만, 예쁜 것을 달고 싶은 욕심이 있는 사람은 일주일 내내 조명만 열심히 볼 것이다. 수많은 블로그와 SNS를 참고하고, 여러 상점의 물건을 비교하며 집에 어울리는, 더 나은 조명을 찾기 위해 노력한다. 시간과 열정을 투자하는 것이다. 결과적으로 누가 더 예쁜 거실을 꾸미게 될까. 굳이 말하지 않아도 알 것이다.

실력이 는다는 것은 결국 좋아하느냐 아니냐, 관심이 있느냐 없느냐의 문제다. 관심을 가지고 노력하면 충분히 실력을 키울 수 있다. 맛은 신체적인 활동이다. 운동으로 단련해 근육을 키우는 것처럼 혀의 감각도 훈련으로 단련할 수 있다. 지금은 정보가 넘치는 시대고, 요리 노하우(비법)를 아무렇지 않게 알려주는 사람도 많다. 따라서 창업을 하기 위해서는 평균 이상의 실력을 갖춰야만 하는데, 그렇게 되기 위해서는 노력밖에 답이 없다.

경쟁력은 실력을 키운 후부터 시작된다. 요리를 하다 보면 비주얼만 봐도 맛이 있을지 없을지 판단되고, 먹어보면 웬만한 맛은 비슷하게 만들어낼 수 있다. 우리가 사용할 수 있는 요리 재료는 한정적이다. 무에서 유를 창조하는 것이 아니라 조합해서 만들 수 있는 것들이다. 예를 들어 제육볶음 식당을 차린다고 치자. 제일 먼저 전국에 있는 소문난 제육볶음집을 찾아가 맛을 볼 것이다. 그런 다음 같은 종목으로 어떻게 해야 그들과 경쟁해 이길 수 있는지 연구한다. 제육볶음을 만드는 재료는 비슷비슷하다. 그렇기에 다른 곳에서는 쓰지 않는 재료를 사용할 것인지, 양념을 어떻게 달리할 것인지, 양으로 승부를 걸 것인지, 사이드 메뉴를 새롭게 추가할 것인지 등의 방안을 찾는 것이다.

　셰프의 혀는 맛을 상상할 줄 알아야 한다. 먹어보는 즉시 똑같은 맛을 내지 못한다고 해도 자기만의 방식대로 연구하면서 맛을 만들어낼 줄 알아야 한다. 경력은 중요하지 않다. 1년의 시간을 고민하면서 경력을 쌓았다면, 10년의 시간을 허투루 보낸 셰프보다 훨씬 더 값진 시간을 보낸 것이나 다름없다. 1년 동안 똑같은 요리만 하는 천재, 1년 동안 다양한 요리를 하며 맛을 개발한 평범한 사람, 둘 중에 10년 후 누가 더 성장해 있을까. 당연히 후자가 더 대단한 사람이 되어 있지 않을까. 얼마나 오랜 시간을 보냈느냐는 중요치 않다. 그 시간을 어떻게 사용했느냐가 중요하고, 그에 따라 우리의 성장은 달라진다.

　세상에는 천재보다 평범한 사람이 훨씬 많다. 경험의 정도에 따라 기술적으로 해결이 가능하다면 덤비지 못할 것도 없다. 서비스도 마찬가지다. 과거에는 시장 국밥집에서 아주머니가 엄지손가락을 국밥에 넣고 서빙해도 컴플레인하는 사람이 없었다. 그러나 지금

은 시대가 달라졌다. 맛이 제일 중요하다면 굳이 왜 외식을 하겠는
가. 유튜브만 찾아봐도 수준급 레시피가 즐비한데 말이다. 돈을 내
고 사 먹는 만큼 맛이 좋은 건 물론 서비스의 질도 정말 중요하다. 서
비스는 충분히 노력으로 개선할 수 있다.

　사람들은 《신데렐라》의 호박 마차나 《알라딘》의 지니처럼 마
법 같은 일이 일어나길 원한다. 그러나 세상에 공짜는 없다. 마법 같
은 일에는 분명 대가가 따르는 법이다. 노력하고 열심을 쏟아부어야
마법 같은 일도 일어난다.

Nam's Diary

2023. 6. 26.

하남 스타필드에 꺼거를 입점시키면서
느낀 점이 있다.
스트리트 매장과 달리 예상되지 않는 부분이 많았지만,
그래도 메뉴 구성, 가격, 소통 가능한 형태의 디자인에 대해
고민을 많이 했기에 큰 걱정을 하지 않았다.

그런데 내 예상이 완전히 빗나갔다.
오픈 첫날, 사람들이 3초쯤 고민하고 메뉴를 결정하는데
그 순간 '아차' 싶었다.

결국 처음부터 다시 메뉴를 구성하고,
꺼거의 시그니처 컬러를 삭제하고 편안하게 볼 수 있는
컬러와 폰트로 매장 디자인까지 다시 했다.

새롭게 바뀐 매장에서 평일, 주말 최고 매출을 달성했다.
계속 체크하며 짚어봐야 할 사항들이 아직 남았지만
이렇게 다 함께 문제를 고민하고
하나씩 해결한 것 자체로 값진 경험이었다.

요리사에서 사업가로

요리사는 자신이 만든 음식을 소비자가 정말 맛있게 먹었으면 하는 진실된 마음이 있다. 사업가라는 말을 들으면 화를 내기도 한다. 요리에 진심이기 때문이다. 그렇지만 요리를 해나가다 보면 계속 요리만 할 것인지, 사업을 할 것인지 결정해야 하는 순간이 온다.

남박 오픈 전날 아내의 임신 소식을 들었다. 일을 도와주던 아내가 임신을 하면서 자연스레 아내가 하던 일까지 내 몫이 되었다. 매장마다 브랜드 매니저가 있긴 해도 전체적인 매장 관리는 내가 해야만 한다. 그 와중에 새로운 브랜드를 구상하고, 타 브랜드와 협업을 기획하고, 나를 부르는 곳이 있으면 찾아가는 등 정말 미친 듯이 일했다. 콘셉트가 전혀 다른 브랜드를 여러 개 관리하려면 멀티플레이어가 되어야 한다. 빨리빨리 브랜드에 맞춰 두뇌를 전환하지 않으면 원활하게 매장이 돌아가지 않기 때문이다. 그런데 일을 혼자 도

맡아 하면서 점점 놓치는 일이 많아졌다. 매장 관리는 물론 SNS 관리, 세금, 운영에서 구멍이 생겨나기 시작했고, 그러면서 직원들도 힘들어했다. 이대로는 장기전에서 밀릴 수도 있겠다 싶어서 2023년 초, 론칭한 브랜드들의 전반적 관리를 맡을 'TTT'라는 회사를 만들었다.

TTT는 'Time To Travel'의 약자로, 직역하면 '여행하는 시간'이라는 뜻이다. 여행에서 경험한 눈부신 순간을 기억하기 바랐고, 앞으로 만들어지는 브랜드에서도 여행을 선물하고 싶은 나의 뜻이 지속적으로 이어지길 바라는 마음에서 지은 회사명이다.

나는 요리사이자 기획자이다. 내 아이디어로 새로운 브랜드를 만들어가는 과정이 즐겁다. 요리사가 오너 셰프를 고집하는 이유는 요리의 퀄리티 때문이다. 오너 셰프로서 하나의 브랜드만 집중해서 관리하는 것도 모자랄 판인데, 다양한 브랜드를 운영하는 것은 요리사로서 할 일이 아니라고 생각할 수 있다. 나 역시 마찬가지다. 내가 아닌 매니저에게 주방과 매장 관리를 맡기면서 내 성에 차지 않는 일이 다반사다. 매뉴얼이 있어도 사람이 하는 일이다 보니 맛이 똑같지 않다.

하남 스타필드에 꺼거의 세컨드 브랜드인 '지붕이네 by 꺼거'가 있다. 메뉴 관리가 쉽도록 감도를 많이 낮추었지만, 그래도 욕심이 나서 꺼거의 시그니처 메뉴를 넣어 구성했다. 결과적으로 매출에서 스타필드 내 매장 중 꼴찌를 기록했다. 결국 나는 감도를 더 낮춰 표준 중식으로 메뉴 구성을 바꿨다. 그 후 매출은 두세 배 뛰었지만 속상함은 이루 말할 수가 없었다. 아무리 내가 하고 싶은 메뉴가 있더라도 매장 관리자의 실력에 따라 운영 관리는 크게 차이가 날 수밖에 없다. 결국 맛에 대해 일정 부분 내려놓아야만 했다. 내 기준을 100% 맞출 수 있는 것은 나 자신밖에 없다는 것을 깨달았기 때문이다.

오너 셰프가 없으면 운영이 무의미한 식당이 있다. 오마카세 같은 특정한 카테고리는 오너 셰프가 반드시 있어야 한다. 그래서 나는 브랜드를 기획할 때 매장 관리가 잘될 수 있고 예상되는 문제를 최소화하는 방향으로 설계한다. TTT는 매장과 사무실 직원을 합쳐 약 80여 명으로 이루어져 있다. 솔직히 직원이 늘어나면서 따라오는 책임감의 무게가 만만치 않다. 내 몸은 하나인데, 회사에 대한 책임은 계속 동반된다. 그에 따라오는 불안감도 크다.

'브랜드가 많아지는데 갑자기 직원들이 보이콧을 일으켜서 한꺼번에 일을 그만두면 어쩌지?'

가끔 이런 두려움이 엄습해오기도 한다. 현장에서 아르바이트생이 연락 두절이거나 주방장이 아파서 결근하는 일은 일상다반사다. 그런데 이런 일이 생겼다고 불안하거나 두려워하다 보면 다른 일을 할 수가 없다. 따라서 예상되는 불행한 일이 일어나지 않도록 시작할 때 최대한 설계를 한다.

사장이 되면서 괴리감을 느낄 때가 종종 있다. 이를테면 직원이 실수했을 때 그렇다. 인간 대 인간으로서는 실수한 직원을 이해하고 보듬어줄 수 있다. 하지만 회사 대표는 그러면 안 된다. 직원의 실수가 매출에 영향을 미칠 수 있고, 회사 매출은 전 직원에게 영향을 미치기 때문이다. 인간적으로 눈 감아 줄 수 있는 일도 지적하고, 실수가 재발하지 않도록 관리하고, 필요에 따라서는 징계도 줘야 한다. 사장도 '나'라는 자아가 있다. 그 본성을 뛰어넘어 다른 자아가 되어야 할 때는 무척 피곤하다. 하지만 참고 이겨내야 한다. 내가 하고 싶은 일을 하기 위해서 다른 하나를 포기해야 한다. 두 마리 토끼를 모두 갖겠다는 것은 욕심이다.

나는 조직 생활이라는 것을 해본 적이 없다. 요리만 하던 사람이라 소통하는 데는 서투르다. 심지어 나는 숫자에도 약하다. 그런 사람이 브랜드를 여러 개 만들고 조직을 꾸려나가다 보니 시행착오를 많이 겪기도 하고 여러 난관에 부딪히기도 했다. 숫자를 잘 다루고, 못 다루고의 문제는 기술적인 문제다. 기술이 부족하다면 그것을 도와줄 사람이 있으면 된다. 소통도 마찬가지다. 내가 소통할 수 없다면 다른 소통 창구를 만들면 된다. 내가 한 회사의 대표로서 여기까지 올 수 있었던 것은 스스로 부족하다는 것을 빠르게 인지했기 때문이라고 생각한다. 문제를 정확하게 인식할 수 있다면 해결하는 것은 어렵지 않다. 만약 문제의 초점을 다른 곳으로 돌려 남 탓만 했다면 지금의 TTT는 없을지도 모른다.

나는 여전히 욕심이 많다. 일 욕심도 많고, 사람 욕심도 많다. 지금도 충분히 잘하고 있지만, 앞으로도 더 잘하고 싶다. 이미 좋은 사람들과 일하고 있지만, 좀 더 능력 있는 사람들과도 일해보고 싶다. 이런 욕심이 나를 오너 셰프로 머무르게 하지 않고 사업가로 변모시켰던 것 같다.

운영에서
가장 중요한 것

외식업은 하면 할수록 어렵다. 효뜨와 남박을 론칭할 때만 해도 모든 것이 쉽게 느껴졌다. 하지만 직원이 늘고 덩치가 커지면서 체크해야 할 사항이 많아졌다. 차라리 혼자 하는 일이라면 나았을지도 모른다. 그런데 내 상품을 직원에게 교육시킨 뒤, 그 직원을 통해 상품이 소비자에게 가기 때문에 나와 소비자의 접점이 점점 멀어졌다. 만약 기업 회장이 상점에서 자기 상품을 고객에게 설명한다면 일반 직원보다 훨씬 더 잘할 것이다. 하지만 기업 회장이 직접 매장에 나서서 상품을 판매하는 경우는 드물다. 이렇듯 회사 규모가 커질수록 사장이 일대일로 소비자를 만나는 시간은 줄어든다. 결국 회사는 직원 교육을 통해 성장해나갈 수밖에 없다.

매장 관리의 기본은 소비자의 의견을 잘 듣는 것이다. 소비자의 취향은 제각각이지만 날카롭다. 그래서 소비자가 매장의 문제점을 가장 잘 캐치한다. 그렇다고 해서 모든 의견을 받아들여서는 안 된다. 그중에서도 좋은 것과 나쁜 것을 가려낼 수 있는 혜안을 가져야 한다. 썩은 과일에 집착하다 보면 좋은 과일까지 놓칠 수 있기 때문이다. 수많은 의견 중 내가 판단했을 때 충분히 나올 만하다고 생각되는 것은 받아들이고, 이해가 안 되는 것은 담당자와 회의를 해야 한다. 음식 양이 적다든가, 맛이 유별나게 튄다든가, 불친절한 일이 있었다거나, 위생상 문제가 있다거나 하는 것들은 왜 이런 의견이 나오는지 확인한다. 담당자가 휴무였던 것인지, 메뉴 교육이 제대로 인수인계가 안 된 것인지 근본적인 사항부터 다시 체크한다. 만약 이런 문제를 해결하지 못한다면 사장이 계속 매장에 매달려 있어야 한다. 매장에 메뉴 개발자인 요리사가 있는 것이 손님들에게는 좋을 수 있지만, 회사로서는 리스크다. 따라서 서비스도 시스템화하고, 매뉴얼화하는 게 중요하다. 알아서 잘 굴러가는 매장은 없다. 지속적으로 직원을 교육해서 최대한 오차가 없도록 만들어야 한다.

　매장을 운영하다 보면 가격 때문에 골머리를 앓는다. 식당을 오픈할 때는 상권에 맞춰 가격을 정하기 마련이다. 직장인이 많은 상권에서 중국집을 운영하면서 짬뽕 가격을 3만 원대로 책정하지는 않는다. 프리미엄 짬뽕으로 특화된 가게라고 해도 직장인이 많은 상권에서는 주로 찾는 손님들이 선택 가능한 적정선에서 가격을 결정한다. 이때 가격 책정을 신중하게 해야 한다. 왜냐하면 한 번 정한 가격은 바꾸기 쉽지 않기 때문이다. 특히 단골은 가격에 민감하다.

하지만 식당을 운영하다 보면 물가상승을 피해갈 수 없다. 기름값이 오르면 배송비가 오르고, 배송비가 오르면 재룟값이 오른다. 하나가 오르면 모든 것이 연쇄작용을 일으켜 단계별로 비용이 오를 수밖에 없다. 결국 기름값이 오르면 나비효과처럼 그 부담은 소비자가 떠안게 된다.

물가가 상승했다고 해서 기존 메뉴의 가격을 올리는 것은 일차원적인 방법이다. 샐러드는 샐러드대로, 우동은 우동대로 그에 맞는 가격대라는 것이 있다. 이럴 때는 다양한 방법을 고안해야 한다. 손해 보는 장사를 할 수 없기 때문이다. 예를 들어 매일 돈가스 100개를 판다고 치자. 물가가 올라 재료비가 비싸지면 푸드 코스트도 올라갈 것이다. 가격은 정해져 있고, 찾는 손님도 일정하다. 이럴 때 음료나 주류의 판매가 많아지면 전체적인 푸드 코스트는 내려간다. 즉, 음식값을 올려 부담을 지우는 것이 아니라 소비할 수 있는 장치를 만들어야 한다. 손님들이 식사를 하며 가볍게 먹을 수 있도록 사이드 메뉴를 개발하거나 드링크류를 개발하는 것이다. 이렇게 하는 것이 소비자에게도, 식당 주인으로서도 필요한 부분이다.

메뉴 개발에도 신중해야 하는데, 메뉴를 바꾸더라도 변경의 폭을 크지 않게 조정해야 한다. 식당의 정체성을 유지하는 메뉴는 그대로 유지하되, 계절이나 분기별로 변화를 주는 것이다. 물론 예

외도 있다. 주류를 판매하는 업장에서는 사람들이 계속 소비할 수 있는 독특하고 새로운 메뉴를 끊임없이 개발해서 변화를 주는 것이 좋다.

장사가 잘된다고 해서 지켜보기만 해서도 안 된다. 한 달 동안 매출 보고와 메뉴 판매 개수를 체크해서 많이 나가는 메뉴가 있으면 그에 따른 진단을 한다. 판매 대비 재료비는 괜찮은지, 조금 더 효율적으로 팔 방법은 없는지 따져본다. 팔리지 않으면 팔리지 않는 대로, 많이 팔리면 그에 대한 문제점은 없는지 다시 한번 체크한다. 매장 운영을 잘하려면 매일 회의하고, 매일 개선해야 한다. 하지만 말이 그렇지 현실적으로 실현하기에는 쉽지 않다. 때문에 한 달에 한두 번 정도는 정기적으로 체크하는 시간을 갖는다.

나는 아이디어나 좋은 생각이 떠오를 때마다 메모를 해둔다. '내일 미팅에서 이 이야기를 꼭 해야지', '이 아이디어는 다음 시즌에 써먹으면 되겠다'고 생각해도 어느새 까먹기 일쑤다. 그래서 그때그때 떠오르는 아이디어는 잊어버리지 않도록 대충이라도 빠르게 메모한다. 그리고 일과를 마칠 때나 다음 날 일과를 시작할 때 메모를 보고 제대로 정리한다. 메모는 스스로 헤매지 않기 위해 생겨난 습관이지만, 내게 좋은 자극제가 된다. 지나간 메모를 들여다보며 생각을 정리하기도 하고, 레스토랑을 리뉴얼하거나 새로 론칭할 때 사진과 메모장을 훑어보다 보면 자연스럽게 해결책이 찾아지기도 한다.

소비자는 날카롭지만 한편으로 단순하다. 사소한 불편함이나 미미한 티끌에도 예리하게 반응하지만, 특이하고 낯선 숟가락, 젓가락 하나에도 감탄하고, 작은 서비스에도 감동한다. 단순함과 날카로움 사이에서 어떻게 줄을 탈 것인가. 식당을 운영하면서 항상 궁리해야 한다. 어쩌면 '밀당'을 제대로 해야 좋은 사업가가 될 수 있는 것인지도 모르겠다.

쉬운 마케팅이
좋은 마케팅이다

더운 여름, 효뜨를 오픈하고 얼마 지나지 않았을 때였다. 남자한 명이 땀을 뻘뻘 흘리며 가게로 뛰들어 오더니 급하게 소리쳤다.

"물 하나 주세요!"
"고객님, 여기 물건 파는 데 아니고요, 식당입니다."
"응? 여기, 슈퍼 아니에요?"

그 후 효뜨는 맛집으로 꽤 이름을 알리기는 했지만, 4년이나지난 지금도 많은 사람이 "저긴 뭐 하는 곳이야?" 하며 매장 앞을 지나가곤 한다. 창업 초기에는 효뜨가 쌀국숫집이라는 것을 알리기 위해 무진장 애를 썼다. 그러나 어느 순간부터는 식당을 운영하면서가장 중요한 것이 무엇인지에 집중하기 시작했다.

이제 SNS는 비즈니스에서 기본값이다. 충무로나 을지로 같은 직장인 상권에서 직장인만을 위한 식당을 했다면 다른 부분에 더 집중하겠지만, 더 많은 타깃층을 상대로 식당을 한다면 소비자의 루트와 경험을 관찰·분석은 물론, 그에 맞는 콘텐츠를 촬영해 SNS에 올려서 홍보해야 한다.

브랜드의 홍보전은 치열하다. 인스타그램에 해시태그로 맛집 검색만 해도 수많은 광고 글을 볼 수 있고, 포털에는 유용한 정보보다 유료 광고 배너가 먼저 뜬다. 소비자들 역시 정보가 너무 많다 보니 피곤함을 느끼고, 이제는 비슷비슷하거나 지루한 홍보에는 눈길을 주지 않는다. 이런 상황에서 우리 상품을 알릴 방법으로 무엇이 있을까? 고민스럽지 않을 수 없다.

내게도 마케팅은 여전히 어렵고 난감한 주제다. 종류도 많고, 복잡하다. 그런데 한편으로는 이런 생각도 든다.

'마케팅이 어려울 필요가 있을까?'

마케팅이 내게 어렵다면 소비자에게도 어려울 것이다. 우리가 하고 있는 것을 잘 전달하면 그것이 마케팅이고, 진심이 곧 마케팅이지 않을까. 그렇기 때문에 좀 더 단순하게 접근해도 되지 않을까. 처음 생각은 여기까지 이르게 되었다.

마케팅 또한 콘텐츠 싸움이라고 생각한다. 어떤 콘텐츠를 갖고 있느냐에 따라 콘텐츠의 노출도가 달라진다. 즉, 마케팅은 사람들이 그 콘텐츠를 경험하고 싶게 만드냐에 달린 것이다. 그래서 나

Part 4. (문제해결) 문제 앞에서 시작하는 새로운 시도

는 사람들이 궁금해하거나 좋아할 만한 내용을 구상해 인스타그램에 공유한다.

TTT는 현재 사무실 직원으로는 다섯 명뿐인 작은 회사다. 디자인, 브랜드 매니저, 경영, 운영지원으로 팀이 나뉘어 있고, 직원은 모두 팀원이자 팀장이다. TTT에 마케팅을 따로 전담하는 직원은 없다. 처음 TTT를 만들었을 때 브랜드를 관리하는 직원에게 SNS 관리를 잠시 맡긴 적이 있는데, 그 뒤로는 직원에게 맡기지 않고 SNS 관리는 내가 직접 하고 있다. 팀원의 관리가 마음에 들지 않았던 이유도 있지만, 내가 일을 가르치고 가이드를 줄 만큼 한가하지 않은 탓이 더 컸다.

스타트업의 단점은 스스로 일을 깨치고, 배우고, 터득해나가야 한다는 것이다. 그뿐인가. 한 명이 두세 사람의 몫을 해내야 한다. 나도 대표로서 해야 할 일이 있고, 실무자로서 해야 할 일이 있어 바쁘다. 때문에 일일이 팀원을 가르칠 여유가 없어서 혼자 SNS 관리를 하는 등 여러 몫을 해내고 있다. 이렇게 여러 일을 하다 보면 힘들기도 하다. 하지만 반대로 생각하면 능동적으로 일한 만큼 기회도 많이 생긴다는 뜻이기도 하다. 주체적으로 일하느냐, 이대로 방치하느냐. 성공의 비결은 여기에 달려 있다고 본다. 스스로 자기 일을 찾지 못하면 결국 도태되고 말 것이다.

외식업 회사 중 관리팀에 인원이 많은 경우가 있다. 그것을 보면 나는 종종 '사무직이 저렇게 많아야 할 필요가 있을까?' 하는 회의적인 생각이 든다. 마케팅은 콘텐츠를 만들어 사람들에게 전달하고, 소비하게 만드는 것이 목적이다. 따라서 직관적으로 쉽게 가야 한다. 그렇다면 답은 사무실에 있는 것이 아니라 현장에 있을 것이다. 또 하나, 마케팅도 중요하지만, 음식 맛이 제일 중요하다. 경쟁에서 이기기 위한 가장 기본은 맛이다. 기본적인 것이 갖춰져 있지 않은 상태에서는 그 어떤 마케팅도 의미가 없다.

두 번의 도쿄 출장으로
정말 많은 것을 보고 느꼈다.
요리사로서 음식만 생각했던 입장에서
브랜드를 만들고 운영해나가는 사람의 입장이 되니
어느 것 하나 놓칠 수 없었다.

무언가 맞아떨어지거나 보이거나 기억이 나지 않더라도
모두가 여행하며 지나쳤던 수많은 순간이
떠오르는 공간을 만들고 싶다.

여행을 온 것 같은 착각이 드는,
이전 여행의 향수를 불러일으키는,
마음으로 소비할 수 있는 브랜드.

거리를 걸으며 수많은 글자와 그림,
그래픽들에 대한 영감을
이번 두 번째 키보에서 모두가 느낄 수 있게
만들어봐야겠다.

콜라보 마케팅이
가져다주는 것

우리 회사는 다른 회사와 협업하는 콜라보레이션(이하 '콜라보')을 많이 진행한다. 2년 전부터 콜라보의 중요성을 깨달았기 때문이다. 이벤트는 손님뿐 아니라 일하는 이들에게도 재미가 있어야 한다. 이는 내게도 해당되는 부분이다. 외식업에 종사하다 보면 계속 똑같은 일을 반복하기 때문에 어느 순간 무료해지면서 금세 매너리즘에 빠지게 된다. 나는 어떻게 하면 이런 어려움을 개선할 수 있을까 고민했고, 그 돌파구 중 하나로 팝업과 같은 이벤트를 기획했다. 브랜드와 협업해서 이벤트를 하다 보면 직원들도 신나고, 단골도 매번 먹는 뻔한 음식이 아니기 때문에 즐거워한다.

나는 키보를 열린 공간으로 만들고 싶었다. 신사동의 여느 플래그십 스토어처럼 다른 브랜드와 콜라보도 많이 하고, 광고도 많이

하는 TTT의 시그니처 매장으로 만들고 싶었다. 그래서 키보 초창기에는 셰프를 초청하는 이벤트를 많이 진행했었다. 유명 셰프 혹은 브랜드를 운영하는 오너 셰프를 초청해 키보에 맞는 메뉴를 만들고 손님들에게 서비스하는 이벤트였다. 내가 좋아하는 맛집과 맛집이 만나 콜라보 형태로 메뉴를 낸다는 것은 사실 엄청난 일이다. 손님 입장에서도 키보에서 다른 유명 매장의 셰프의 요리를 맛볼 수 있으니 즐겁고 다이내믹한 경험이 될 수 있다.

시간이 흐르고 나는 좀 더 색다른 이벤트를 하고 싶었다. 그래서 키보 메뉴와 같이할 수 있는 협업, '문화적 충돌'이 일어나는 것들에 대해 고민하게 되었다. 그 고민 끝에 강원도 고성 앞바다에 있는 서핑 카페 '글라스하우스'와 협업하여, 하와이 속 일본 펍 분위기가 나는 팝업 스토어를 여름에 3개월 동안 열기도 했다. 이렇게 콜라보를 진행하는 것은 다른 분야와 만나 더 큰 시너지를 얻고 싶기 때문이다.

보통 콜라보를 한다고 하면 수익이 되는지, 안 되는지부터 체크한다. 하지만 나는 수익과 상관없이 무조건 한다. 콜라보의 장점이 크다는 것을 알기 때문이다. 가령 그날 행사에 30명이 왔다고 치자. 30명이라는 숫자는 적을지 모른다. 그런데 그날 행사에 인플루언서가 와서 콘텐츠를 만들어 공유한다면 그 파급력은 어마어마할 것이다. 팝업 스토어와 같이 사람들이 무료하지 않게 즐길 수 있는 콘텐츠를 만들 수만 있다면, TTT에서 신메뉴를 출시하는 것이나

SNS에 광고를 띄우는 것보다 확산력은 훨씬 더 크다. 콜라보의 장점은 또 있다. 브랜드 이름이 오랫동안 기억에 남는다는 것이다. 이렇게 작은 행사를 계속하면서 이름이 남으면 큰 행사를 맡게 될 가능성도 크다. 작은 행사를 겪어봐야 큰 행사를 맡았을 때도 무리 없이 해낼 수 있다고 나는 생각한다.

문화와 문화가 만난다는 것은 무척 인상적이다. 그래서 나는 계속 아이디어를 찾고, 사람을 만날 때마다 그와 어떤 일을 할 수 있을지 생각한다. 이를테면 소설가를 만나더라도 키보와 함께 무엇을 할 수 있을지 고민한다. 소설가가 좋아하는 소설에 나오는 음식을 만들어보기도 하고, 문학에 대해서도 이야기하는 등의 콘텐츠를 만들어서 하루 동안 '소설 팝업'을 하는 식이다.

콘텐츠가 모이면 그것이 저절로 마케팅이 된다. 브랜드 인지도가 높아지면서 백화점이나 대형몰에 자연스럽게 입점할 기회도 생긴다. 유통 바이어나 MD들의 입장에서는 유명 브랜드를 입점시키고 싶기 때문이다. 물론 콜라보를 할 때 나와 직원들이 현장에서 겪는 고충도 만만치 않다. 하지만 나는 이런 경험이 우리를 성장시킨다고 믿고, 직원을 격려하며 앞으로 나아간다.

경험이 쌓이면 브랜드가 또 다른 정체성을 갖게 되기도 한다. 처음 한두 번 이벤트를 열 때는 '저걸 왜 하지?' 하고 이상하게 바라보는 시선도 있었다. 그런데 꾸준히 이벤트를 지속하다 보니 키보에 '콘텐츠를 만드는 브랜드'라는 이미지가 덧씌워졌다. 만약 누군가 페스티벌을 주최하면서 음식이 필요하다면, 그때 일반 요리사를 섭외하기보다 다양한 경험을 해본 키보의 남준영을 후보로 둘 가능성이 크지 않을까. 그렇게 브랜드는 문화적 충돌과 파장을 일으키는 특별한 존재로 커가게 되는 것이다.

Nam's Note

☐ **실패는 변화로 극복하라**

주력 메뉴가 팔리지 않았을 때 실패라고 생각하기 쉽지만,
거기서 멈추지 말자. 앞으로 어떻게 변화를 줘야 할지 고민
하고 즉시 실행함으로써 위기를 극복하라.

☐ **맛은 기본, 서비스는 필수다**

맛에 대한 감각은 훈련으로 키울 수 있다. 다양한 음식을 맛
보고 연구하는 시간을 들이는 만큼 새롭고 맛있는 음식을
만들어낼 수 있다. 훌륭한 레시피가 널린 시대에서 승부를
보려면 맛만큼 서비스의 질을 높이는 데 에너지를 쏟아야
한다.

☐ 가격을 함부로 올리지 말라

물가상승으로 인해 음식 가격을 올리는 것이 불가피하다고 판단될 때 무턱대고 가격부터 올리기보다 사이드 메뉴나 드링크류를 개발하는 방식을 고민하자.

☐ 마케팅은 진정성이다

첫째, 좋은 것과 좋은 것이 만나게 하는 콜라보를 진행한다. 진행하는 입장에서도 성장하는 경험이 되고, 고객들에게도 새로운 경험을 하는 선물이 된다. 둘째, SNS를 운영할 때는 소비층의 경험을 관찰·분석해 그에 맞는 콘텐츠를 촬영해 올려보라.

내가 꿈꾸는 건강한 성장

Part 5.

(오너십)

매일
도태되지 않기 위해

나의 하루는 눈코 뜰 새 없이 바쁘게 돌아간다. 각 매장을 돌아다니면서 체크하고, 새로운 브랜드 론칭이나 프로젝트, 마케팅을 위해 다양한 사람을 만나면서 분주하게 하루를 보낸다. 그러던 어느날, 분명 정신없이 바쁜 하루를 보내고 있음에도 불구하고 불현듯 내가 일을 제대로 하고 있지 않다는 생각이 들었다. 하루하루 내가 처해 있는 상황에 충실하기는 해도 지금 이 상태로 계속 이어진다면 어느 순간 정체될 것 같다는 위기감이 들었다. 갑자기 불안해졌다. 발전이 없다면 기회가 찾아와도 잡지 못할 것이고, 브랜드의 미래도 장담할 수 없을 것이었다.

유럽이나 호주에는 오래된 식당이 많다. 10년 전에 있던 가게가 지금도 그 자리에서 계속 영업하고 있는 경우가 비일비재하다.

그곳에 사는 사람들도 변화되는 걸 별로 좋아하지 않는다. 반면 유독 우리나라의 트렌드는 정말 빠르다. 재생속도를 1.5배로 맞춰놓은 듯 빠르게 변화한다. 하지만 이보다 더 빠른 것은 소비자의 변심이다. 우리나라에서 계속 소비자의 마음을 얻으려면 고인물이 되어서는 안 된다.

이런 고민을 늘 하다 보니 나 자신의 성장에 대한 갈증이 심했다. 적어도 회사 대표라면 앞으로 만날 사람들이나 팀원들에게 부끄럽지 않은 사람이 되고 싶었다. 창의적인 일을 할 수 없는 것도 문제였다. 책도 읽고 싶고, 새로운 것도 해보고 싶지만, 온종일 일에 허덕이며 쫓아다니다 집에 돌아가면 어느새 파김치가 되어 있었다. 집에서는 아무 일도 손에 잡히지 않았다.

그러나 이렇게 위기감을 느낄 때 나는 방법을 찾아낸다. 우선 기상 시간을 바꿨다. 아침 5~6시에 일어나 가볍게 운동하고 회사로 나가 직원들이 출근하기 전인 오전 7~10시에는 오롯이 나만의 시간을 가진다. 그 세 시간 동안에는 책을 읽거나 노래를 듣고, 영상을 보고, 창의적인 일을 할 수 있는 여유를 가진다. 그리고 집중력이 남아 있는 점심 전후로 중요한 일을 해결하고, 체력이 급격하게 떨어지기 시작하는 오후 3~4시부터는 경험으로 다져진, 몸으로 하는 일을 하면서 효율성을 높인다. 가족을 제외하고 "살면서 양보할 수 없는 것은 무엇입니까?"라고 묻는다면, 나는 나만의 아침 시간을 꼽겠다. 그만큼 나는 사무실에서 아무에게도 방해받지 않는 그 시간에 많은 힘

과 에너지를 얻는다.

　요리사 중에는 고졸인 사람이 많다. 우리끼리 모이면 우스갯소리처럼 "고졸이 세상을 지배한다"라는 말을 한다. 세계 최고 부자 중 한 명인 빌 게이츠도, 아이폰으로 세상에 혁명을 일으킨 스티브 잡스도 대학을 중퇴했다면서. 자부심이 담긴 농담이지만, 한편으로는 늘 부족한 나 자신에 대한 자조적인 마음이 담긴 말이기도 하다.

　나는 서울 출신도 아니고, 학벌도 좋지 않다. 지인이나 친구도 별로 없고, 부모님이 나를 도와줄 수 있는 여건도 되지 않았다. 내가 사업을 시작할 때는 튼튼한 몸 외에는 가진 게 아무것도 없었다. 의지가 있었기에 지금의 내가 된 것이기도 하지만, 솔직하게 말하자면 척박한 환경이 나를 독립적이고 혼자 해낼 수밖에 없도록 등을 떠밀었다. 좀 더 많은 세상을 보고, 많은 것을 배우고 싶다는 마음이 나를 일으켜 세웠다. 나는 분명히 말할 수 있다. 지금까지 나를 성장하게끔 만든 것은 결핍이었다.

　최근에 나는 선 긋기 연습을 시작했다. 남들은 내가 누구보다 컬러에 대한 감각이 있다고 생각하지만, 나는 미술을 배워본 적도 없고 그것을 표현하는 방법도 모른다. 프로그램 툴을 다루는 것도 아니어서 내 머릿속의 무궁무진한 아이디어를 전달하는 데 항상 한계를 느꼈다. 선 긋기 연습을 시작했다고 해서 거창한 미술 작품을 그리려는 것은 아니다. 적어도 내 생각을 누군가에게 전달할 수만 있다면 좋을 것 같아 시작한 것이다. 학원이라도 가서 배우면 좋겠지만, 그럴 시간이 없어 하루 1시간 선 긋기 연습으로 대신한다. 이렇게 연습하다 보면 5년 뒤에는 무언가를 할 수 있을 정도로 능숙해져 있지 않을까.

무언가 부족함을 느낄 때 그것에 대해 아쉬워만 하지 말고, 보충할 수 있는 방법을 찾아야 한다. 내게 특별한 점이 있다면 그 정도가 아닐까. 아침 습관을 만든 것도 최근 2~3년 정도밖에 되지 않는다. 그나마 밤늦게까지 일이 연장되는 경우가 많아 새벽에 일어나는 것이 쉽지 않다. 그래도 아침 시간을 포기하지 않기 위해 노력하고 있다. 내가 통제하는 그 시간이 나를 성장시키고, 이 시간이 쌓이면 언젠가는 좋은 결과로 돌아올 것이라고 믿기 때문이다.

아이와 함께 여행을 할 땐
식당을 찾는 게 참 쉽지 않다.

그래도 호주는 기본적으로 아이를 위한 서비스가
좋은 편이라는 생각이 든다.
식당도, 손님들도 아이에 대한 배려와 이해가 남다르다.

외식업을 하며 아이를 가진 가족 구성원의 입장이 되니
보이지 않던 부분들이 새롭게 다가온다.

일반적으로 '의미 있는 일'이란
'타인에게 도움을 줄 수 있는 일'이다.
이때 중요한 건 '나에게도 의미가 있다고 느껴지는가'이다.
다시 한 번 나에게 물어본다.
어떻게 일할 것인가.

오너로
성장한다는 것

직원들이 가끔 내게 "사이코패스 같다"고 한다. 분명 얼굴은 피곤해 보이는데, 많은 일을 하면서도 불평불만하지 않고 그냥 묵묵히 일하는 걸 보면 감정을 느끼지 못하는 사이코패스가 아니냐는 것이다. 우스갯소리로 하는 얘기지만, 내가 사이코패스라는 말을 들을 만큼 큰일이 터져도 흔들림 없이 일을 계속해나가는 것은 경험상 깨달은 바가 있기 때문이다.

일하다 보면 참 많은 일을 겪는다. 거짓말, 사기, 배신, 뒤통수를 맞는 일은 다반사다. 그동안 훈련이 됐는지 이제는 예상되는 일에 대해서는 상처를 덜 받는 편이긴 하다. 그러나 나도 감정이 있는 인간이기 때문에 좋지 않은 일이 생기면 상처를 받는다. 아프면 울기도 하고 고통스러워하기도 한다. 특히 나쁜 일이 겹치면 손을 놓아버리고 싶을 정도로 힘들다.

그런데 이때가 정말 중요하다. 타격감이 오래 머물도록 나를 방치해서는 안 된다. 스스로 감정을 조절하고, 힘을 내야 한다. 상처 난 마음을 빨리 긍정적으로 전환할 수 있어야 내가 덜 피곤하고, 손해를 덜 입는다.

"사기를 당하고 나서 다음 날 정상적으로 일할 수 있나요?"라는 질문에 대부분은 일할 수 없다고 답할 것이다. 하지만 나는 오늘 사기를 당해도 내일 일할 수 있는 사람이다. 그것이 사장이라는 자리다. 사업을 하다 보면 실패 아닌 실패를 경험하게 되는데, 많은 이들이 이런 경험을 하고 나면 심리적으로 위축되어 사람을 피한다. 그러나 이렇게 하면 앞으로 나아갈 수 없다. 열 번을 실패하더라도 한 번의 성공을 위해 계속 도전해야 한다. 누군가는 그런 말을 했다. 죽고 사는 일이 아니라면 그냥 흘려보낼 수 있을 정도의 단단한 멘탈이 있어야 사업을 할 수 있다고.

철저히 대비한다고 해도 갑자기 문제가 생길 수 있다. 이를테면 법이 바뀌는 일 같은 거다. 1년간 일하고 다음 해 하루만 일해도 연차가 15일 발생하도록 법이 바뀌었는데, 이렇게 법이 바뀌는 걸 일개 사장인 내가 어떻게 할 수 있겠는가. 이런 일은 대비가 안 된다. 그냥 따라야 한다. 구직자가 법을 악용할 마음을 갖고 있는지 어떤지 면접으로는 가늠할 길이 없다.

거짓말도, 배신도, 사기도 나쁜 것은 매한가지다. 그러나 나는 상대방이 그 일을 어쩔 수 없이 했다고 생각한다. 그도 가족이 있을 테고, 그 사람만의 생존 게임 법칙이 있을 것이라고. 나쁜 일이 생기면 나는 누군가를 탓하기보다 나를 먼저 돌아보고 반성한다. '내가 좀 더 괜찮은 사람이었다면, 내가 몰랐던 부분을 알고 있었다면, 내가 좀 더 똑똑했다면, 내가 좀 더 대단한 사람이어서 상황을 통제하면서 좋은 방향으로 나갈 수 있다면, 좀 더 사람 보는 눈을 갖고 있었다면' 이 일을 막았을 것이라고 생각한다. 그리고 좀 더 나은 사람이 돼서 좋지 않은 일이 일어나지 않도록 해야겠다고 마음을 다잡는다.

사장은 외로움과 고독을 즐길 줄 알아야 한다. 비단 외식업 대표뿐 아니라 리더의 위치가 그렇다. 가족을 제외하고 직장 내에서는 물론 외부에서도 내 편은 없다. 일해서 월급받는 직원, 돈과 상관없이 브랜드를 성장시켜야 하는 사장의 입장 차는 너무 크다. 엄마들끼리 육아에 관해 이야기를 나누거나, 반려인들이 만나 반려동물에 관한 대화를 하면 친근감과 동질감, 공감대를 느낄 수 있다. 그러나 직원과 사장의 공감대는 완전히 다르다. 사장과 직원이 느끼는 고충은 판이하고, 그렇기에 사장이 직원을 끊임없이 격려하고 이끌어가야 한다. 물론 나도 직원인 때가 있었기에 그 마음을 이해하지 못하는 것은 아니다. 그래도 사장으로서 보면 아쉬운 점이 많다. 그렇다고 언제까지나 한탄만 하고 있을 수는 없다. 문제에 온통 마음을 뺏겨 거기에 매몰되어 있어서는 곤란하다. 나는 직원들과 대화를 많이 하는 편이다. 어떤 문제든 대화로 어느 정도는 풀 수 있다고 생각하기 때문이다.

　　살다 보면 모든 사람이 나를 좋아할 수는 없다. 나를 싫어하는 사람이 있을 수도 있다. 치열한 외식업의 세계에서 살아남기 위해서는 싫어하는 사람조차 나를 인정할 수밖에 없도록 실력을 갖춰야 한다. 오로지 실력만이 사람을 설득할 수 있다.

　　사고나 좋지 않은 일이 생기면 마음이 급해지고, 화가 나고, 흔들리기도 한다. 나 역시 인간이기 때문에 이런 감정 변화를 겪는다. 하지만 작은 일에 계속 스트레스를 받으면 일을 지속할 수 없다. 마음이 좁으면 스트레스를 많이 받고 피곤해지기 마련이다. 넓게 바라보고 마음이 관대해져야 한다. 세상에 이해되지 않을 일은 없다. 의식적으로라도 그렇게 마음을 먹어야 작은 일에 신경 쓰지 않고 큰 일에 집중할 수 있다. '무엇이 중요한가?'를 생각해볼 때, 사장의 불안과 분노는 회사의 성장에 아무런 도움이 되지 않는다.

건강하게 싸우는 법

브랜드는 사장이 완성할 수 없다. 사장이 브랜드의 뼈대를 세웠다면 살을 붙여나가는 것은 함께 일하는 팀원과 매장을 찾는 소비자다. 팀원과 소비자에 의해 브랜드의 색깔이 바뀌기도 하고, 매장이 더 예뻐지기도 하고, 그 반대인 경우도 생긴다.

무슨 일이든 중간을 찾는 것이 가장 어렵다. 마이너 쪽으로 빠져버리면 대중성이 없고, 지나치게 대중성을 살리면 경쟁력이 없다. 대중성을 유지하면서 브랜드만의 독특함을 갖는 것은 결코 쉽지 않은 일이다. 따라서 이 어려운 일을 직원들과 함께 풀어가야 한다.

외식업은 전반적으로 사람이 부족하다. 외식업계에서 직원을 떠받들고 살아야 한다는 자조적인 발언이 나오는 것도 이 때문이다. 직원을 뽑을 때 우리 브랜드를 좋아하고 즐길 수 있는 사람과 함께하는 것이 베스트지만, 회사를 운영하다 보면 이게 쉽지 않다. 어쩔 수 없이 우리 브랜드와 어울리지 않는 사람도 같이 가게 된다. 록 장르에 맞는 사람이 클래식을 하겠다며 클래식 공연 팀에 섞여 있는 격이다. 그런데 문제는 회사의 결과 맞지 않는 직원을 고용하면 내가 본래 생각했던 브랜드의 색깔이 변질된다는 데 있다.

종종 대기업 임원들과 만날 기회가 있다. 그때 이야기를 들어보면 그들도 나와 똑같은 고충을 겪고 있다는 걸 알 수 있다. 신입사원들은 회사의 이미지와 방향성을 보고 입사하지만, 정작 함께 일하는 사람은 사장이 아니라 바로 위 선임이다. 사장―임원―중간관리자―관리자―선임―신입사원으로 내려오면서 회사 본래의 이미지와 방향은 틀어지고 변질되어 그런 괴리감에 힘들어하거나 그만두는 사람들이 적지 않다고 한다.

여기서 한 가지 알아야 할 것이 있다. 중간관리자가 열심히 일하지 않는 게 아니라는 사실이다. 중간관리자의 성격과 취향이 나와 다른 것뿐이다. 사람은 기계처럼 일할 수 없다. 로봇이 아니다. 나와 똑같이, 나처럼 일하는 데는 한계가 있다.

대기업이든 작은 식당이든 다르지 않다. 단지 규모와 업무가 세분화되어 있을 뿐 그 안에서 일어나는 문제, 관계, 업무 등은 비슷하다. 관건은 이것을 어떻게 풀어나가는지에 달렸다. 나는 '모 아니면 도'라는 식의 극단적인 사고방식을 좋아하지 않는다. 이것과 저것의 사이에서 해결할 방법을 찾는다. 그것이 좋은 아이디어고, 창의성이라고 생각한다.

회사를 운영하는 데도 창의성은 필요하다. 그러나 그보다 먼저 우선되어야 할 것은 소통과 투명성이다. 일을 하다 보면 팀원과 의견이 맞지 않아 부딪히는 경우가 생긴다. 목표가 같아도 가고자 하는 길이 다르면 싸울 수 있다. 이럴 때 가장 좋은 해법은 무엇일까? 치열하게 건강한 싸움을 하는 것이다. 감정적으로 좋다, 싫다 하면서 싸우는 게 아니다. 왜 싫은지, 왜 좋은지에 대해 서로 논리적인 근거를 내세우며 열심히 싸우는 것이다. 이것이 건강한 싸움이다. 상대를 설득할 수 있다면 그다음에는 'How'를 생각해본다. 그렇게 더 좋은 아이디어를 찾아내면서 나를 비롯한 팀원 개개인이 성장할 수 있다. 문제가 발생하거나 이견이 있을 때 감정을 앞세우게 되면 결과가 좋을 수 없다. 서로 감정적으로 성숙해져야 좋은 시너지가 나고, 더 나은 결과를 만들어낼 수 있다.

건강한 싸움의 시작은 회사와 관련한 정보를 거짓 없이 공개하는 것에서 시작된다고 본다. 메뉴 선정부터 직원 고용, 지점 개설까지 전반적인 경영과 운영 관리 등 세세한 내용을 직원이 알고 있어야 의견을 내놓을 수 있고, 개선 방법도 찾을 수 있다. 회사에 대한 정보 없이 좋은 아이디어가 나오는 경우는 없다고 본다. 나도 이 점에서는 아직 많이 부족한 편이라 노력하고 있는 중이다.

경력이 쌓이면 좁았던 시야가 더 넓어지고 잘 해낼 것 같지만, 하면 할수록 어려운 것이 사업인 듯하다. 그럼에도 계속할 수 있었던 것은 함께하는 사람들이 있기 때문이다. 아무리 작은 일도 혼자

할 수 있는 일은 없다. 주방과 홀을 사장 혼자 감당하는 작은 식당도 협력 업체가 있기 마련이다. 사업은 같이하고 함께 성장해야 시너지가 크고 더 좋은 쪽으로 풀린다.

Nam's Diary

2022. 9. 11.

최근 '사랑이 뭐길래' 오픈을 하면서
'단당'이라는 브랜드의 공간 디렉팅을 무사히 마무리하고
현재는 베이커리 카페 '테디뵈르하우스' 팀과
제이콥 셰프님의 레스토랑 '빅러브파스타하우스' 팀
두 개의 브랜드 기획에 참여하고 있다.
신사동 키보의 두 번째 매장 철거 공사도 진행 중이다.

현재 회사에서 운영하는 모든 브랜드의 구성원이
내부적으로 더 단단해지기 위해
여러모로 건강한 싸움을 하며 성장하고 있다고 생각한다.

바쁘게 살아감에 감사를 느끼고,
항상 현재 삶에서 필요한 건강한 루틴의 필요성을 몸에 새기며.

내년에도
미움받을 용기와 거절당할 용기,
도전할 수 있는 용기를 가져야지.

일터가 아닌 곳에서
에너지를 얻어라

단어는 경험에 따라 다른 이미지를 가진다. '우럭'이라는 단어를 들었을 때 회를 좋아하는 사람이라면 입안에 침이 가득 돌겠지만, 상한 회를 먹고 심하게 식중독을 앓았던 사람이라면 체한 듯한 느낌을 받을 것이다. '아버지'라는 단어를 들었을 때 활발하고 가족적인 분위기의 가정에서 자란 사람이라면 따뜻함과 자상함을 느낄 것이고, 엄격하고 규율을 중시하는 가정에서 자란 사람이라면 냉담함과 두려움을 느낄 것이다.

나는 '요리사(셰프)'라는 단어에서 고단함을 느낀다. 방송이나 미디어 등에서 만들어진 이미지 때문에 요리사를 멋지다, 화려하다고 생각하는 사람도 있겠지만, 외식업의 현장을 잘 알고 있는 입장에서는 힘들다는 단어가 가장 먼저 떠오를 수밖에 없다.

외식업 종사자들은 쉽게 번아웃을 겪는다. 로봇 같다, 너무 힘들다 등 육체적인 고충을 많이 토로한다. 사무직 종사자도 정신적인 스트레스가 만만치 않겠지만, 주방에서 10시간 넘게 고된 노동을 하면서 정신적인 스트레스까지 동반되면 버티기가 힘들다. 그래서 요식업에 대해 조금이라도 아는 사람들은 쉽게 이 일을 시작하지 못한다. 하지만 이런 생각도 해본다. 요리사를 선택한 것도 나인데, 힘들다고 해서 그만둔다면 다른 직업을 가졌을 때도 마찬가지가 아닐까.

나 역시 MZ세대이긴 하지만, 요즘 MZ세대 직원들이 내게 털어놓는 고충은 비슷비슷하다. '지루하다', '힘들다', '그만두고 싶다', '새로운 걸 하고 싶다' 등등. 극단적으로 고깃집에서 10시간 동안 불판을 닦으며 서빙하는 아르바이트의 경우, 당장이라도 그만두고 싶을 만큼 고될 것이다. 이 일을 하는 목적도 당장 내야 하는 월세, 생활비, 학자금 등 돈 때문인 경우가 많다. 그런데 돈 때문에 하는 일은 오래갈 수 없다. 한 가지 일에 깊이 파고들기 위해서는 일에 의미가 있어야 한다. 오로지 돈이 목적이라면, 돈을 한 푼이라도 더 많이 벌 수 있는 직장으로 가는 것이 이직의 가장 타당한 이유가 된다. 즉, 일에서 의미를 찾지 못하면 금세 매너리즘에 빠질 수밖에 없다.

가령 아침 9시에 출근해 저녁 7~8시까지 일하다가 집에 9~10시에 귀가해 잠만 자고 다시 출근한다. 취미생활도 없이 출근과 퇴근만 하는 생활을 몇 년 반복하다 보면 어느 순간 지칠 수밖에 없다. 하지만 매너리즘에 빠졌을 때 일을 그만두고 다른 직장으로 옮겨도 생활 패턴이 예전과 별반 다르지 않다면 또다시 어느 순간에는 에너지를 잃고 말 것이다. 처음에는 새 직장으로 옮기고 적응하는 기간을 거치면서 활력을 되찾을 수도 있지만, 새로움이 끝나고 에너지가 고갈되면 또 새로운 것을 갈망하게 된다.

꼰대처럼 보일지 모르지만 꼭 하고 싶은 이야기가 있다. 갓 취업한 신입사원이 힘들어할 때, 나는 "1년을 버티면 3년을 할 수 있고, 3년을 버티면 10년을 할 수 있다"고 말한다. 정말 그렇다. 처음 일을 시작하면 어느 정도 적응하는 기간이 있고, 일이 적응되어 매너리즘에 빠졌을 때 그것을 극복하는 기간이 있다. 일의 임계점, 즉 힘들고 지루하고 그만두고 싶은 시점에 도달했을 때, 그 시기를 잘 이겨내고 버텨내는 경험이 중요하다. 나의 성공은 내가 특출나서 이뤄냈다기보다 힘든 고비마다 버티고 계속했기 때문에 가능했던 일이었다. 지금 어디선가 그 고됨과 어려움을 이겨내며 일하고 있다면, 그리고 돈 이외의 다른 것에 가치를 두고 10년 넘게 일한다면 분명 당신은 자신만의 성과를 이뤄낼 수 있을 것이다.

한 분야에서 10년 일하면 성공한다는 말이 있다. 그런데 10년을 버티기 위해서는 일터에서 에너지를 찾으려고 하면 안 된다. 운동, 독서 등의 취미를 갖거나, 자격증을 따는 등 현재의 힘듦을 버틸 수 있는 에너지를 어디에서 찾을 것인지 진지하게 고민해보아야 한다. 열 명이 무인도에 불시착했다고 하자. 모두가 탈출하고픈 열망은 똑같을 것이다. 하지만 오로지 무인도에서 탈출할 생각만 하면서 아무것도 하지 않는다면 무인도라는 열악한 환경에서 얼마나 버틸 수 있을까. 탈출할 방법을 찾는 동시에 에너지를 얻을 수 있는 일을 찾아야 한다. 누군가는 낚시를 좋아하고, 누군가는 숲에 흥미를 느끼고, 누군가는 만드는 것을 좋아할 수 있다. 각자 재미있어 하는 일을 찾을 수 있어야 비로소 무인도에서도 버틸 힘을 얻고, 탈출 방법도 고안해낼 수 있다.

나도 예전에는 운동도 하고, 취미도 가져보려고 무던히 노력했지만, 시간이 넉넉하지 않아 항상 실패했다. 그러다 2년 전부터 아침에 자전거를 타기 시작했다. 새벽에 일어나 한두 시간쯤 남산을 한 바퀴 돌고 오면 자전거를 탄 날과 타지 않은 날의 에너지가 확실히 다른 것을 느낀다.

인생이 그렇지 않던가. 우리가 원해서 태어난 것이 아니지만 계속 살아가야 한다. 일을 할 때도 비슷하다. 상황이 좋지 않더라도 계속할 수 있는 마음만 있다면, 그것이 성공으로 갈 수 있는 가장 근본적인 힘이 된다. '사는 대로 생각하지 말고, 생각하는 대로 살아야 한다'라는 말이 있다. 일을 할 때 포기하고 싶은 순간이 분명 찾아올 것이다. 그때를 위해 우리는 그 일을 이어나가기 위한 힘을 계속 길러야 한다.

사업은
에너지 싸움이다

보통 사람, 보통 직장인, 보통의 연애, 보통의 결혼, 보통 가족, 보통 사회. 우리는 '보통'이라는 단어에서 떠올리는 이미지가 있다. 평범하다. 전혀 새롭지 않다. 그렇다면 평범한 일상에 엉뚱한 일이 벌어지면 어떨까? 그런 일이 일어나면 사람들은 처음에 당황해서 얼굴을 찌푸리기도 하고, 또 새로운 것을 봐서 환호하기도 할 것이다. 결국 말이 안 되는 낯섦, 엉뚱함이 일상의 지루함을 깨고 새로운 일을 만든다. 그리고 새로움은 성공을 불러온다. 다만 이 엉뚱함의 방향이 좋은 쪽이냐, 나쁜 쪽이냐가 중요할 것이다.

주변을 보면 나보다 훨씬 능력이 뛰어난 사람들이 참 많다. 그들은 학벌도 좋고, 재주도 많고, 준비성도 뛰어나다. 비교는 독이라고 하지만, 나도 사람인지라 잘하는 사람을 보면 비교도 하고, 그러면서 자신감이 떨어지기도 한다. 어쩌면 매일 슬럼프를 겪는 것도 같다.

그러나 나에게는 보통 사람과 다른 게 하나 있다. 남들은 하지 않는 일을 한다는 것. 그런데 일반적이지 않은 행동도 에너지가 떨어지면 잘할 수 없다. 사업은 결국 '에너지 싸움'이다. 에너지 싸움이란 남과 경쟁하는 것이 아니다. 자기 자신과 싸우는 것이다. 일찍 자고 일찍 일어나는 습관을 유지하는 것도, 모든 것을 포기하고 내던지고 싶을 때 다시 일어나서 도전하는 것도 자기 자신과의 싸움이다. 떨어지는 자존감을 끌어올려서 전투 태세를 갖추는 것도 자신과의 싸움에서 지지 않아야 가능하다.

사업가는 매일매일 떨어지는 자신감과 자존감을 끌어올리기 위한 에너지 싸움을 해야 한다. 아침에는 괜찮은 것 같아도 밤이 되면 체력이 급격히 떨어지면서 자신감도 내려가고, 좋지 않은 생각이 들기도 한다. '내가 할 수 있을까?' 불안해하기도 한다. 그때 나는 종종 매장을 찾아간다. 사랑이 뭐길래에서 와인을 한잔하기도 하고, 키보에서 술 한잔에 사람들이 올려놓은 후기를 보면서 나 자신을 되돌아보기도 한다. 그러면서 혼자 되뇌어본다.

"남준영, 너 멋있다. 아무것도 없는 맨땅에서 이렇게까지 많은 것을 일구었잖아."

경영을 하면서 이제는 현장에서 직접 뛰지 않아도 가게가 잘

돌아가는 것, 손님들이 맛있다고 칭찬해주는 것, 직원들이 열심히 일하는 것 등 감사한 일을 떠올린다. 이런 생각을 계속하다 보면, 매장을 찾는 사람들과 직원들을 생각해서라도 포기하지 않고 나아가야겠다는 다짐으로 이어진다. 매출이 좋지 않을 때도 숫자로만 판단하지 말고, 이 분위기를 계속 끌고 가야 한다고 되새기기도 한다.

무엇보다 나를 응원하고 지지하는 사람을 만나는 것도 중요하다. '중이 제 머리 못 깎는다'는 말처럼 남의 일에 훈수나 칭찬은 잘하면서 자기 자신에게는 인색하기 그지없다. 나도 그렇다. 다른 사람 컨설팅은 잘하면서 나를 다독이는 것은 서툴다. 그럴 때면 사람들을 만나 현재 나의 위치와 내가 어떤 사람인지 객관적인 시선으로 판단받고 다시 자신감을 회복한다.

우리는 키가 크는 것을 알아채지 못한다. 자그마했던 꼬마도 어느 순간이 되면 160, 170cm로 키가 쑥 자라 있다. 키만 성장하는 것은 아니다. 내적인 성장도 계속해서 이루어진다. 비록 당장은 내가 성장하고 있다는 것을 알 수 없지만, 내가 맡은 일에 집중해서 한 걸음씩 나아가다 보면 어느 순간에는 나의 성숙함을 자각할 날도 있을 것이다. 그 경험이 쌓여 연륜이 되는 게 아닐까. 나는 아직도 쉴 새 없이 달려가고 있다. 요리를 시작한 지 14년째이고, 창업한 지 이제 5년이 넘었다. 생각해보면 나를 돌아보고 쉬어갈 시간이 많이 부족하지 않았나 싶다. 그럼에도 그동안 나는 내가 가진 능력보다 훨씬 더 많은 성장을 했다. 매일매일이 한계였고, 하루하루가 싸움이었다. 하지만 나는 좌절과 절망 대신 나의 한정된 에너지를 어떻게 활용해 일을 잘 끝낼 수 있을지에 대해 집중해왔다. 그게 유일한 탈출구였고, 앞으로도 나는 그렇게 할 것이다.

남다른 열심은
반드시 빛을 발한다

효뜨를 오픈할 때 이전부터 같이 일했던 직원이 내게 "호칭을 뭐라고 부를까요?"라고 물었던 적이 있다. 순간 '대표라고 해야지'라고 생각했다가 마음을 바꿨다. 어차피 나는 지금도 대표이고, 앞으로도 계속 대표일 것이다. 주방에 들어가는 일이 점점 적어질지도 모르지만, 나는 주변 사람들에게 회사의 대표이기 이전에 요리사로 남고 싶었다. 그래서 셰프로 불러달라고 했다.

오래전 주방에서 불태웠던 기억과 효뜨를 창업하기까지의 고됨을 지우고 싶지 않았다. 나는 새로운 사람을 만났을 때 "요리사 남준영입니다"라고 소개한다. 그래서 외부에서는 나를 "남 대표"라고 부르지만, 아직도 회사에서는 나를 "셰프님"이라고 부른다.

'조용한 사직Quiet Quitting'이라는 말이 유행이라고 한다. 조용한 사직은 실제로 일을 그만두는 것이 아니라, 주어진 일 이상의 노동과 열정을 쏟아붓지 않고 정해진 시간, 업무 범위 내에서 최소한의 업무만 하는 것이다. 하지만 이렇게 일하는 것이 과연 개인에게 어떤 도움이 될지 나는 모르겠다.

　나는 대학에 들어간 뒤 방학 중에 아르바이트를 했었다. 속초에서 나름 유명한 치킨을 파는 호프집이었는데, 장사가 제법 잘되었다. 당시 그 호프집은 오후 3시부터 새벽 5시까지 영업을 했는데, 오픈 조와 마감 조로 나뉘어서 일을 했다. 한 파트에서 아르바이트생이 결근하면 준비부터 마감까지 16시간씩 일하는 경우도 허다했다. 홀 서빙은 물론 주방에 들어가 과일을 깎고, 치킨도 튀기고, 설거지도 하고, 심지어 배달까지 했다. 정말 힘들었지만 그때 '일이란 이런 것이구나' 하는 것을 제대로 배웠다.

　나는 인연이 그냥 생긴다고 생각하지 않는다. 넓게는 80억 지구 인구, 좁게는 5천만 인구 중에서 내가 평생 인연을 맺고 사는 사람이 몇 명이나 되겠는가. 그래서 한번 맺은 인연은 오랫동안 유지를 하는 편이다. 꽤 재미있는 일화가 있다. 2010년 전역하는 날, 아르바이트를 했던 호프집을 찾았다. 집에 가기 전에 사장님께 전역 인사도 할 겸 시원하게 맥주 한잔 들이킬 겸 그곳을 들렀는데, 그때가 하필이면 2010년 남아공 월드컵 시즌이었다. 호프집이 떠들썩했는데, 손이 모자란다며 사장님이 일을 도와달라고 부탁을 해왔다. 결국 맥주 한잔 제대로 마셔보지도 못하고 전역하자마자 군복을 벗

고 주방에서 밤늦게까지 설거지를 했다. 아내와 함께 호주를 찾았을 때도 20대 때 일했던 레스토랑 이사님이 손이 부족하다고 도움을 요청해 석 달 동안 매일 일을 했었다. 돈이 필요하기도 했지만, 그 상황에서 순순히 군소리 없이 일하던 모습을 돌아보면 '내가 진짜 열심히 살았구나'라는 생각을 하게 된다.

자영업자들은 모두 똑같은 심정이겠지만, 주인이 있는 식당과 없는 식당은 다르다. 대부분의 회사가 직원에게 주인 의식을 요구하지만, 직원은 열정페이라거나 주인이 아닌데 왜 주인이어야 하냐며 웃기지 말라고 반발한다. 요즘 사람들에게는 월급받는 만큼만 일한다는 의식이 팽배해 있다. 그런데 생각을 한번 해보자. 사장이 되고 싶다면 사장처럼 생각하고, 사장처럼 일해야 사장이 될 수 있다. 사장은 시간이 흐른다고 자연스럽게 되는 것이 아니다. 노력해도 겨우 될 수 있을까 말까 하다. 돈은 벌고 싶고, 일은 열심히 하고 싶지 않다면 그것이야말로 놀부 심보 아닐까.

기성세대는 모두 열심히 일했다. 하지만 지금은 그렇지 않다 (물론 열심히 하는 사람도 있을 것이다). 이 말은 예전만큼은 아니더라도 조금만 열심히 하면 잘될 수 있다는 의미이기도 하다. 내가 꼰대 마인드가 되어버린 것인지도 모르겠다. 그렇지만 사람을 고용하고 일을 함께하다 보면, 똑똑하거나 일을 잘하는 사람이 아니라 열심히 일하는 사람이 잘될 것이라는 생각이 계속 든다. 매장에 오너가 있다고 다 잘되는 것이 아닐 수도 있다. 그러나 오너가 있고 없고의 차이는 분명하다. 사장은 직원 교육 외에도 다른 일로 눈코 뜰 새 없이 바쁘다. 좋은 매니저가 있어 매장을 관리해줄 수 있으면 좋지만, 여의치가 않은 것이 현 외식업의 상황이다.

많은 사람이 나를 보고 "어떻게 4~5년 만에 브랜드를 이렇게 많이 키웠냐"며 놀라워한다. 4~5년 전에는 그들이 나를 몰랐을 뿐이다. 나는 14년 전부터 계속 일해왔고 아직도 나는 그 일의 연장선상에 서 있다. 단번에 되는 것은 없다. 그래서 지금도 나는 요리사 남준영이다.

건강한 프랜차이즈를
생각하다

효뜨, 남박, 꺼거 등이 차례대로 성공하면서 컨설팅 의뢰가 들어오기 시작했다. 처음 컨설팅 의뢰를 받았을 때는 마음이 무척 불편했다. 불편한 마음이 든다는 건 내가 아직 부족하다는 것이고, 자신이 없다는 것이기도 했다. 그럼에도 나는 하겠다고 했다. 내가 얼마나 모자라고, 어떤 것이 부족한지 확인하고 싶었기 때문이다. 몇 개의 브랜드를 성공시키며 내가 진짜 잘하는지, 잘하고 있는 것인지 검증하고 싶었다. 물론 그 이면에는 만약 컨설팅이 성공한다면 팀을 꾸려 수익화해보고 싶은 욕심도 깔려 있었다.

그렇게 베이커리 카페인 테디뵈르하우스(용산점), 한남동의 만두 맛집 단당, 남영동의 이탈리안 레스토랑 빅러브파스타하우스 컨설팅을 진행했다. 그리고 라이프 컬처사 CNP의 요청으로 '모던 아시안 누들 서비스'의 리브랜딩에 참여했다. 내가 존경해오던 CNP

노승훈 대표와 평소 많은 이야기를 나누면서 언젠가 함께 재미있는 일을 해보자고 했었는데, 그 첫 번째가 모던 아시안 누들 서비스 리브랜딩이었다.

리브랜딩 컨설팅은 대성공을 거두어 브랜드 인지도가 상승했고, 그로 인해 컨설팅 의뢰가 더 늘어났다. 그런데 지금 나는 컨설팅을 잠시 멈춘 상태다. 가장 큰 이유는 내 사업을 하면서 다른 브랜드의 컨설팅까지 할 시간적 여유가 턱없이 부족하기 때문이다. 또 다른 이유는 '내가 컨설턴트로서 성공할 수 있을 것인가'에 대해 고민했을 때 지금 당장은 아니라는 판단에서였다. 세상에는 나보다 공간 컨설팅에 뛰어난 능력자가 많다. 물론 4개의 브랜드를 성공시키면서 컨설턴트로서 잘해보고 싶은 욕심이 없었던 것은 아니다. 하지만 아직은 이 일을 할 순서가 아니라는 생각이 들었고, 내가 집중해야 할 것은 따로 있다고 판단했다.

컨설팅은 쉽지 않다. 아무리 실력이 뛰어나도 자칫하면 사기꾼 소리를 들을 수 있다. 내게는 좋은 기획이 의뢰인의 눈높이에는 맞지 않을 수 있고, 컨설팅이 끝나고 난 후의 일까지 책임질 수 없기 때문이다. 앞에서 언급했듯이 브랜드는 인테리어를 했다고 끝이 아니다. 론칭부터가 본격적인 시작이다. 음식이든 공간이든 브랜드는 소비자와 만나면서부터 완성되어간다. 아무리 완벽하게 컨설팅을 끝내도 운영을 잘하지 못하면 브랜드가 망하는 것은 한순간이다. 운영 미숙으로 브랜드가 실패해도 사람의 속성이란 잘못의 화살을 남에게 돌리고 싶어 하는 법이다. 결국에는 컨설턴트를 탓하게 된다. 그래서 내 브랜드를 만드는 것보다 다른 브랜드를 컨설팅하는 것이 더 힘들다.

내게 프랜차이즈 문의를 해오는 사람도 많다. 그때마다 나는 프랜차이즈 성향이 아니라고 생각했다. 해보고 싶은 게 많았기 때문에 하나의 브랜드를 키우기보다 다양한 브랜드를 만들어보고 싶었다. 그러나 최근 회사가 커지고 조직화되어 가면서 프랜차이즈에 대한 나의 사고가 과거 대비 상당히 진전되었다. 수익이 생겨야 회사를 키울 수 있기 때문이다. 프랜차이즈의 사전적 의미는 다음과 같다.

'특정 상품이나 서비스를 제공하는 주재자가 일정한 자격을 갖춘 사람에게 자기 상품에 대하여 일정 지역에서의 영업권을 주어 시장 개척을 꾀하는 방식.'

솔직히 내게 프랜차이즈에 대한 인식은 음식이 별로다, 소비자에게 대충한다, 저렴하다 등등 부정적인 인식이 강했다. 또 지금 우리 회사에 있는 팀원과 일하는 것도 쉽지 않은데, 잘 모르는 점주와 브랜드를 운영해 나간다는 것 자체가 상상이 되지 않았다. 팀원 10명과 점주 10명의 고됨이 똑같을 수 없기 때문이다.

하지만 프랜차이즈의 사전적 의미를 찾아보고 난 후부터 프랜차이즈에 대한 생각이 조금 달라졌다. 완벽하게 성품과 서비스가 준비된 사람이 그것을 필요로 하는 사람들에게 정확하게 제대로 전달할 수 있다면 얼마나 좋은 일인가. 프랜차이즈의 목표는 다 함께 이익을 내는 것이다. 많은 사람이 좋은 것을 소비할 수 있으면 나뿐만이 아니라 소비자에게도, 직원에게도 좋은 결과일 것이다.

나는 최고의 요리사가 되고 싶다기보다 사람들에게 좋은 영향을 미치고 싶다. 한번은 '자리가 사람을 만든다'면서 팀원에게 어떤 일을 맡긴 적이 있었다. 그 팀원이 싫다고 해도 "너의 성장을 위해서도 좋은 일일 테니 맡아보라"고 등을 떠밀었었다. 결과적으로 이야기하자면 성과가 좋지 않았다. 그래서 요즘은 '자리가 그 사람의 본성을 보여준다'라는 말에 더 마음이 간다. 준비가 되어 있어야 어떤 일을 맡았을 때 제대로 된 성과를 보여줄 수 있다. 프랜차이즈 역시 그런 게 아닐까. 준비가 되어 있는 사람들이 제대로 해야 프랜차이즈 본연의 뜻이 퇴색되지 않는다. 반대로 준비되어 있지 않으면 프랜차이즈 사업을 하는 건 무의미하다.

내가 처음 가게를 시작했을 때는 열정만 있었지, 사업가로서의 준비가 덜 된 상태였다. 효뜨를 창업할 당시 내 나이가 서른이었으니, 자영업으로 잔뼈가 굵은 사장님들이 보기에 나는 풋내기였을 것이다. '평안 감사도 저 싫으면 그만이다'라는 속담처럼, 그때 나는 프랜차이즈가 싫었다. 만약 내가 사업가이고 수익성을 만들어야 하는 상황이었다면 프랜차이즈를 고려했을지도 모를 일이다.

　　요즘 들어 '건강한 프랜차이즈'에 대한 생각을 많이 한다. 언젠가 나의 사업적 역량이 높아진다면 사람들에게 좋은 문화를 나눌 수 있는 좋은 프랜차이즈를 운영할 수도 있겠다는 생각에 어느 정도의 여지를 둔 채 일한다. 시간이 흐르면서 브랜드, 사업에 대한 가치관, 철학은 또 다른 방향으로 익어갈 수 있을 것이다. 전환점이 있다면 그 또한 거스르지 않을 것이다. 다만 그 방향이 내가 좋아하는 것, 모두가 좋아할 수 있는 것으로 이어질 것은 분명하다. 그리고 반드시 그렇게 되리라 믿는다.

내가 기다리는 기회들

요즘 힙한 동네가 있다. '한국의 브루클린'으로 불리는 성수동이다. 1960년대 준공업지역으로 지정되어 서울의 경제성장을 이끌던 성수동은 한때 낙후되고 지저분한 동네로 낙인이 찍혔었지만, 현재는 문화와 예술, 패션의 중심이자 트렌드의 집합소로 떠올라 MZ세대는 물론 다양한 브랜드와 수많은 기업의 발길이 이어지고 있다.

버버리가 전 세계적으로 시도하고 있는 프로젝트 '버버리 스트리트'도 이곳 성수동에서 열렸었다. 2023년 10월 5일부터 한 달동안 열린 팝업 스토어 '버버리 성수 로즈'에 버버리 컬렉션과 함께 영국 레스토랑 '노먼'과의 협업으로 카페 '노먼스 앳 버버리'를 선보였다. 바로 이 카페에 내가 발탁되어 영국 요리를 선보이는 영광을 안게 되었다. 내가 운이 좋거나 실력이 뛰어나서가 아니다. 부족하긴 해도 내가 버버리의 요구에 대응할 수 있을 만큼 준비가 되어 있었기 때문이다. 내가 조금 유명세가 있다고 해서 버버리가 카페를 그냥 맡긴 것은 아니다. 이 프로젝트에 참가하려고 영국에 가서 일주일 동안 요리를 배우기도 했으니까 말이다.

몇 년 전 EBS 〈세계테마기행〉에서 인도네시아 편의 출연자 후보에 올랐다며 연락 온 적이 있었다. 많은 요리사가 방송에 출연하지만, 〈세계테마기행〉은 타 방송사의 여느 예능보다 훨씬 깊이 있고 품격 있는 방송으로 존중받고 있는 프로그램이어서 하고 싶은 마음이 컸다. 큰 프로그램인 만큼 방송사에서 요구하는 것이 많았다. 경력은 어떻게 되는지, 영어는 할 줄 아는지, 동남아 요리는 가능한지 등 많은 것을 물어보았다. 결론적으로 나는 후보에서 탈락됐다. 탈락됐다고 해서 전혀 실망하지 않았다는 것은 거짓이겠지만, 그렇다고 크게 낙담하지도 않았다. 왜냐하면 탈락한 이유가 내가 못나서도, 운이 나빠서도 아니고, 단지 실력이 부족했기 때문이다. 실력이 부족한 것이라면 실력을 키우면 된다.

내가 기획했던 일들이 모두 잘된 것은 아니다. 계획한 일들 중에 잘되지 않았던 것도 많다. 하지만 나는 상심하지 않는다. 인생은 새옹지마塞翁之馬다. 말이 도망쳐서 화를 입었다고 생각했는데 그 말이 암말을 데리고 오는 복으로 변할 수도 있고, 복이라고 생각했던 그 말을 타다 아들의 다리가 부러져 화를 입기도 하지만 그로 인해

Part 5.   (오너십) 내가 꿈꾸는 건강한 성장

전쟁터에 나가지 않아도 되는 운이 되기도 한다. 지금 잘된다고 기뻐하거나 지금 실패한다고 슬퍼할 필요가 없다. 내가 할 수 있는 일을 하며 꾸준히 공부하고 준비하면 5년 뒤, 10년 뒤에 다시 기회가 왔을 때 잡을 수 있다.

요즘 나는 기획을 하면서 이런 생각을 하기도 한다.

'계속하다 보면 언젠가 공공시설을 맡을 수도 있지 않을까.'

꿈을 꾸는 것이다. 우리나라에 공원이 많다고 하지만, 한강 외에는 딱히 아이들이 갈 수 있는 공간이 별로 없다. 아이들을 위한 공간을 만들면 얼마나 좋을까? 공원 외에도 도서관, 구민회관, 학교 등 공공시설이 많은데, 많은 사람이 즐길 수 있는 공간을 기획한다면 얼마나 멋질까? 생각만 해도 가슴이 설렌다. 지금처럼 사람들과의 접점을 찾아 다양한 콘텐츠를 만들면서 열심히 일하다 보면, 언젠가 공공시설 기획을 맡을 수 있는 기회가 찾아올 거라고 생각한다. 물론 지금은 내가 공공시설의 기획을 할 수 있는 실력도 아니고 나 혼자만의 꿈이긴 하지만 말이다. 만약 기회가 왔는데도 잡지 못한다면 그것은 내가 노력하지 않았기 때문이다. 그래서 나는 언젠가 찾아올 기회를 위해 매일매일 조금씩 시간을 투자해 노력하고 있다.

기회는 준비된 자에게 찾아온다고 한다. 맞는 말이다. 그런데 나는 '기회는 꿈꾸는 자에게 온다'고 말하고 싶다. 꿈꾸지 않으면 하고 싶은 일도 없을 테고, 기회라는 것 자체가 있을 수 없기 때문이다.

성공하고 싶다면 성공한 사람처럼 사고하고 행동하라는 말도 있다. 이는 꿈꾸는 자에게 기회가 온다는 말과 다를 바 없는 것 같다. 어쩌면 남준영 요리사가 기획한 공공시설에서 사람들이 문화를 즐기고 행복해하는 날이 올 수도 있을 것이다. 그런 날을 위해 나는 오늘도 꿈을 꾼다.

끝은 없다.
나아갈 길만 있을 뿐

지금 내가 하고 있는 일들은 불과 몇 년 전만 해도 상상할 수 없는 일들이었다. 가게는 물론이고 컨설팅, 글로벌 브랜드를 포함한 다양한 브랜드와의 콜라보레이션 등은 꿈에도 생각하지 못했던 일이고, 책을 출간하는 것 역시 상상 속에서나 가능했던 일이다. 꿈으로만 꿨던 일들이 이루어진 지금, 마냥 행복하다고만은 하지 못하겠다. 책을 쓰는 이 시간이 고통스럽다. 하지만 시간이 흘러 뒤돌아보았을 때 지금의 고통이 얼마나 큰 행복으로 기억될지 알고 있기에 지금 이 순간이 소중하다.

나는 돈을 모른다. 사업을 하는데 돈이 핵심이 된 적도 없다. 하지만 이제 돈을 많이 벌고 싶다. 돈 자체가 목적이 아니라 돈을 많이 벌어야 내가 하고 싶은 일을 더 많이 할 수 있기 때문이다. 돈을 벌어 여유롭게 제자리에 머물러 있는 것이 아니라 더 멀리, 앞으로 나아가고 싶기 때문이다.

많은 사람이 날 보며 "돈 많이 벌었겠다"며 부러운 듯 말한다. 첫 창업 후 4년간 한 번도 쉬지 않고 일했고, 일반 샐러리맨들보다 훨씬 많은 돈을 벌고 있긴 하지만 나는 여전히 경제적으로 부모님을 돕지 못하고 있다. 그동안 벌어둔 돈으로 새로운 브랜드를 만들고, 돈이 모이면 또 다른 브랜드를 만들었기 때문이다.

비록 다른 사람이 생각하는 만큼 돈을 많이 벌지는 못했으나, 그 대신 나는 효뜨 이후로 단 한 번도 투자받은 적이 없다고 자랑스럽게 말할 수 있다. 브랜드를 확장하면서 투자받지 않는 건 쉽지 않다. '물 들어올 때 노 젓는다'고 많은 사람이 흥할 때 투자받아 지점을 내고 돈을 벌려고 한다. 하지만 투자를 받으면 내 의지대로 브랜드를 만들기 쉽지 않다. 투자자의 입김이 작용하기 때문이다.

요리사 중에 '내가 좋아하는 요리는 나중에 하자. 일단 남들이 좋아할 수 있는 것을 먼저 해서 돈을 벌자'라고 하는 사람이 있다. 이런 마음은 요리사뿐만 아니라 많은 직장인이 비슷할 것이다. 지금 우리 앞에 지켜야 할 것들이 너무 많다. 그것이 가족일 수도 있고, 함께하는 팀원일 수도 있고, 갚아야 하는 대출일 수도 있고, 당장 오늘 저녁 밥값일 수도 있다. 그것에 대한 책임감 때문에 현재 내가 하고 싶은 일을 미루고 산다. 그 책임감이 우리를 버티게 하는 계기가 되기도 하지만, 나는 내가 하고 싶은 일을 뒤로 미루고 싶지는 않다. 그

렇기 때문에 이제 돈이라는 존재에 대해서 좀 더 알고 싶다.

나는 여전히 하고 싶은 일이 많다. 회사를 좀 더 탄탄하게 키워서 무늬만 회사가 아닌 진짜 조직이 되었으면 좋겠고, 요리사를 위한 공간을 만들어보고 싶기도 하다. 사람들에게 영감을 주는 브랜드, 대한민국 전 국민이 알 수 있는 브랜드를 만들고 싶고, 해외로도 진출하고 싶다. 그래서 나는 다시 영어 공부를 시작했다. 영어를 못하는 것은 아니지만 제대로 된 비즈니스를 위해서는 좀 더 유창한 영어가 필요하다고 느꼈기 때문이다.

내 꿈은 건강하게, 오랫동안 일하는 것이다. 나이는 중요하지 않은 것 같다. 언젠가 신체적인 능력이 떨어지기는 하겠지만, 그럼에도 열심히 일하면서 나이 들고 싶다. 예술가들은 나이가 들어 더 놀라운 창의성을 발휘하기도 한다. 앙리 마티스는 노년에 병으로 의사가 붓과 조각을 금지하자 병상에서 종이와 가위를 활용해 창작활동을 했고, 그의 컷아웃 방식은 이후 앙리 마티스를 대표하는 새로운 예술 기법이 되었다. 나이가 들어서 창의적인 일을 하지 못한다는 것은 핑계다.

나는 요리를 하면서 공간을 만들기도 하고 회사를 운영하기도 한다. 내게 끝은 없을 것이다. 계속해서 목표가 생기기 때문이다. 5년 뒤, 10년 뒤에도 여전히 새로운 목표를 찾아 도전할 것이고, 어딘가에서 문제를 해결하기 위해 고군분투하고 있을 것이다. 그래도 시간이 흘러 한계에 다다르면, 그때는 식당 하나를 운영하면서 프리랜서 컨설턴트 혹은 디렉터로 활동하고 있을지도 모르겠다. 여력이 닿는 한 계속 창업해나갈 것이고, 또 누군가의 창업을 도울 것이다.

안정적인 기준이 무엇인지는 모르겠지만, 사업에 안정적이라는 건 없다. 지금도 나는 여전히 불안하고 흔들린다. 그래도 나아갈 뿐이다. 나의 성장은 아직 끝나지 않았다.

☐ 식당은 요리학교가 아니다

사장이 요리, 청소, 운영, 고객 응대 어느 한 분야라도 미숙하다면 그 가게는 전체적으로 준비가 덜된 상태이다. 사장이 되기 전 본인이 하고자 하는 분야에서 최소 6개월은 현장에 있으면서 다양한 문제 상황을 직접 경험해봐야 한다. 그렇지 않으면 미흡한 부분을 내 가게에 온 손님이 감당하게 되고, 그러면 그 손님은 두 번 다시 가게를 찾지 않을 확률이 높다.

☐ 사업이 힘들 때는 오히려 도전한다

나쁜 일이 겹치면 다 놓고 싶을 정도로 힘든 게 사람이다. 그럴 때 자신을 방치해서는 안 된다. 열 번 실패해도 한 번의 성공을 바라보고 도전해야 한다. 그러기 위해서는 어지간한 일은 흘려보내고 일어설 줄 알아야 한다.

☐ **운영에서 가장 중요한 건 소통과 투명성이다**

팀원들과 의견 충돌이 있을 때 활발하게 토론할 수 있는 장이 필요하다. 치열하게 서로 의견을 나눈 후 조율이 되었다면, 앞으로 어떻게 하면 더 나은 방향으로 갈 수 있을지 아이디어를 나눠야 한다.

☐ **새옹지마 마인드를 가져라**

인생사 새옹지마다. 일이 잘될 때가 있으면 잘되지 않을 때도 있다. 때문에 잘된다고 방심해서도 안 되지만, 안 된다고 상심해서도 안 된다. 꿈을 버리지 않고 앞으로 나아간다면 언젠가 뒤돌아봤을 때 성장한 자신을 발견할 것이다.

모든 문제의 해답은 사랑에 있었다

이 힘든 사업을 어떻게 버텨낼 수 있었느냐고 묻는다면, 사실 잘 모르겠다. 다만 곰곰이 생각해보면 내가 누구보다 잘하는 것, 즉 어떤 문제가 생겼을 때 여유 있게 대처할 수 있는 타고난 마음을 가졌기에 가능한 게 아니었을까.

어린 시절, 우리 집은 가정 형편이 여유롭지도 않았고 문제도 많았다. 하지만 단 한 번도 불행하지 않았다. 지금 생각해보면 어떤 문제가 생겨도 내가 불평하지 않고 유연할 수 있었던 것은, 부모님이 인생에 있어서 중요한 게 무엇인지 알려주셨기 때문이다.

아버지는 어떤 상황에도 자신감을 가져야 한다고, 남을 배려하고 존중해야 한다고, 그리고 무엇보다 삶을 책임감 있게 살아가라고 말씀하셨다. 어머니 역시 항상 내게 얘기하셨다.

"괜찮아. 다 잘될 거야. 걱정하지 마."

이러한 부모님의 말은 여전히 내 가슴속에 남아 힘이 되어준다.

분명 나는 좋은 환경 속에서 자라지 않았다. 그럼에도 불구하고 도대체 무엇을 보고 자랐기에 이렇게 할 수 있느냐고 사람들이 물어본다. 내가 답할 수 있는 것은 단 하나, 가족의 사랑 때문이라고밖에 할 수 없을 것이다. 가족이 내게 무엇을 해주었는지가 중요한 게 아니다. 무엇을 함께했는가가 중요하다. 우리 가족의 사랑에는 조건이 없고, 따라서 한이 없다.

인생을 살아가면서 문제들은 항상 생기고, 그때 중요한 것은 그 문제를 받아들이는 우리의 태도다. 사랑으로 받아들이는 태도 말이다. 내가 어렵게 살아왔을지언정 불행하지 않았던 이유는 사랑이 아니고서는 답을 할 수가 없다. 그런 의미에서 다시 한번 더 아버지와 어머니께 이 책을 빌어 사랑한다는 말을 전하고 싶다.

고맙습니다.

감사합니다.

사랑합니다.

(6개 매장 메뉴판)

효뜨 신용산 본점

남박 남영동 본점

꺼거 삼각지 본점

키보 신사점

사랑이 뭐길래 신용산 본점

굿손 삼각지점

효뜨 신용산 본점

- 유럽과 베트남 느낌이 나는 메뉴판
  └ A4, 가죽 링 바인더에 끼워 사용

MENU

SHARING

CHẢ GIÒ

01
짜조 12,000

12가지 야채와 돼지고기의 조화. 베트남 느낌의 소스를
곁들인 크리스피하고 즙을 넘치는 베트남식 만두튀김.
Vietnamese fried spring roll with shrimp and pork

CHẢ GIÒ CHAY

02
야채 춘권튀김 12,000

야채를 넣어 담백하면서도 바삭 촉촉한 베트남식 밀전병
튀김과 특제 소스
Homemade Vietnamese fried spring roll with fish sauce

GỎI ĐU ĐỦ

03
파파야 샐러드 14,000

그린 파파야, 새우, 라임 쥬스가, 피쉬 소스로 새콤달콤함,
짭쪼름함, 고소함을 한 번에 느낄 수 있는 베트남식
김절이.
Vietnamese green papaya salad with shrimp and fish sauce

TRỨNG RÁN SALAD

04
계란 튀김 샐러드 15,000

신선한 채소, 풀짓한 오징어, 통부한 산미를 가진 자몽과
고소한 풍미의 계란 튀김에 라임 소스를 더해 산미 가득한
효뜨 모둠 샐러드.
Fresh egg salad with meet & sour sauce

SHARING

05
닭튀김
17,000

코코넛과 동일한 치킨. 입안 가득 퍼지는 코코넛의
고소함과 아름다웅한 지세상 식감이 매력적인 효뜨
닭튀김 튀김.
Coconut marinated deep-fried chicken with dipping

GÀ RÁN

RAU MUỐNG XÀO

06
공심채 조개볶음
17,000 디너 메뉴 *Dinner Only*

뜩으로 복이 불향을 살여 식사로도, 안주로도 손색이 있는
오독오독 씹는 식감이 식감이 매성의 공심채 조개볶음.
Stir-fried morning glory with clams

07
분팃느엉
24,000 디너 메뉴 *Dinner Only*

범조롬한 돼지고기, 신선한 채소, 동남아 허브와 쌀면을
새콤달콤한 느억맘 소스에 바벼먹는 남부식 분텃느엉.
Cold rice vermicelli with grilled pork, vegetables, and
vietnamese fried spring rolls

BÚN THỊT NƯỚNG

NOODLES

08
스페셜 소고기 쌀국수
16,000 (면 추가 2,000)

사골과 양지를 12시간 이상 끓여내어 양지, 샤테, 우육심 등 함께 곁들여 즐기는 콤비네이션 소고기 쌀국수.
Beef soup with rice noodles and different beef cuts

PHỞ ĐẶC BIỆT

PHỞ BÒ

09
소고기 쌀국수
12,000 (면 추가 2,000)

사골, 양지를 12시간 이상 끓여낸 효뜨 소고기 쌀국수.
Beef soup with rice noodles and brisket

10
얼큰 소고기 쌀국수
13,000 (면 추가 2,000)

첫 맛은 매콤함, 먹고면 먹을수록 당겨지는 삼빡하고 시원하게 마무리 되는 얼큰 쌀국수.
Spicy beef soup with rice noodles

PHỞ BÒ CAY

11
효뜨 쌀국수
16,000 (면 추가 2,000)

푸짐한 해산물과 신선한 야채, 동남아 허브를 넣어 첫 맛은 매콤하고 먹으면 먹을수록 당기는 베트남식 얼큰 해산물 쌀국수.
Spicy seafood with rice noodles & herbs

BÚN THÁI HẢI SẢN

PHỞ XÀO

12
퍼싸오
19,000 디너 메뉴 *Dinner Only*

위의 생물을 이용하여 각 재료들의 풍미와 식감을 살리고 돼지고기 라드와 파워 소스로 감칠맛을 더해 볶아낸 베트남식 볶음면.
Stir-fried vegetables, shrimp, pork with rice noodles

13
열무 에그누들 볶음면
17,000 디너 메뉴 *Dinner Only*

짱 볶아낸 야채와 짭쪼롬한 돼지고기의 만남. 꼬들꼬들한 식감이 매력적인 에그누들과 비벼먹는 감칠맛 나는 면 요리.
Fried egg noodles with salty pork and vegetables

MÌ THỊT BẰM XÀO

RICE DISH

14
효뜨 돼지고기 덮밥
14,000

꿉쪽한 돼지고기 식감 좋은 마늘쫑에 마늘과 고추로 향을 입힌 후 파기름으로 풍미를 더해 볶아낸 로드 시그니처 돼지고기 덮밥.
Stir-fried pork & garlic stems with rice

COM THỊT BẰM XÀO

LÀU GIÒ HEO CAY

15 *Seasonal Menu*
신용산 국밥
13,000

돼지고기를 장시간 우려내어 얼큰하고 시원한 국물! 국물에 풍미를 한층 더 끓어올리는 어머니표 입맛 살린 효뜨식 고추 다짐이. (밥 포함)
Sinyongsan Gukbap (spicy pork hock soup with rice)

16
효뜨 볶음밥
14,000 디너 메뉴 *Dinner Only*

소시지, 돼지고기, 그리고 야채를 톡으로 볶아내어 매콤한 메뉴와 환상의 궁합인 효뜨 만능 볶음밥.
Fried rice with sausage and pork

COM CHIÊN

17
해산물 볶음밥
15,000 디너 메뉴 *Dinner Only*

꿉쪽한 각종 야채와 해산물을 생물로 톡아 재료의 특징을 살린 후 효뜨 특제소스 더해, 어디선가 먹어본 듯 안메이번 맛, 매력적인 볶음밥.
Fried rice with seafood & soy sauce

COM RANG THẬP CẨM

LÀU GIÒ HEO CAY

18 *Seasonal Menu*
효뜨 도가니탕
28,000 디너 메뉴 *Dinner Only*

도가니와 돼지고기를 장시간 우려내어 얼큰하고 시원한 국물. 국물에 풍미를 한층 더 끓어올리는 효뜨식 고추 다짐이, 속주, 대파, 베트남 고추가 어엿이 들어간 베트남식 술국. 술을 시키지 않을 수 없는 맛!
HIEUTU spicy pork hock & beef knee soup

남박 남영동 본점

- 손바닥 사이즈의 실제본 메뉴판으로
  정성과 따뜻함을 강조
  - 105x148mm, 실제본

Hãy đến chơi với những
người bạn tốt nhé

nước giải khát mát
Thật sự rất ngon.
Dù cay nhưng cũng rất ngon

Mình muốn ăn Phở ngon lành cả
sáng nay và sáng mai nữa.
Phở ngon nhất ở Seoul.
Các bạn hãy cùng
gặp nhau tại

남준영 셰프의 '남' 박지은 대표의 '박'이 합쳐진
남박은 우리가 영위하는 매일의 의식주를 가장
조화롭고 포근하게 느끼시길 바라는 마음으로 저희
부부의 경험과 시간을 담은 공간입니다.

우리는 각자 삶을 여행하는 여행자이며 모두 다른
추억을 품고 있지요. 저희가 준비한 공간에서 여행의
기억들로 설레는 내일을 맞이하시기 바랍니다.

남박에서 내어드리는 따뜻한 국수 한 그릇으로
오롯이 혼자만이 느낄 수 있는 감정과 향수를
떠올리셨으면 합니다.

단순히 먹고 마시면 끝나버리는 식문화가 아닌,
그 이상의 라이프 스타일을 즐기실 수 있도록 오늘도
활짝 열어놓고 기다리겠습니다.

GOOD MORNING SET

주중 주말 8AM-11AM

주중 주말 구분없이 주문 가능한 남박 굿모닝 세트로
더 맛있게 아침을 즐겨보세요!

남박 아침 반상
18,000

기존 한우쌀국수/얼큰 한우쌀국수와 함께 건강에 좋은 쁘띠
강황밥. 느억찜 소스를 곁들인 계란과 쌀케이크를 이용한 쌈밥,
그리고 세가지 채소 절임 [+수제 딸기 라떼]

(+) 짜조 1PC 추가 3,500 / 얼큰 변경 1,000

RECOMMEND!

수제 짜조 2PCS 8,000

메인 메뉴 MAIN MENU

한우 쌀국수 PHỞ BÒ 12,000
한우 사골, 양지로 12시간 이상 끓여낸 남박 한우 쌀국수

얼큰 한우 쌀국수 PHỞ BÒ CAY 13,000
첫 맛은 매콤함. 먹으면 먹을수록 당겨지는 상쾌하고 시원하게 마무리되는 얼큰 쌀국수

(+) 고기 추가 5,000 / 고수 추가 1,000 / 반숙 계란 추가 800

곁들임 SIDE

제철 채소절임 3,000
반상에 제공되는 채소절임, 그때 그때 제철에 맞는 채소절임을 만들어 내어드려요

MIX 장밥 4,000
다진 돼지고기를 센 불에 볶고, 발효 페이스트를 활용해 감칠맛 넘치는 장소스가 올라간 미니 밥

남박 샐러드 5,000
직접 만든 베트남 전통 소스 느억짬과 계란 그리고 채소

남박 당근 라페 6,000
라임 올리브 드레싱을 곁들인 기분좋은 상큼함과 싱그러움을 가진 남박식 당근 라페

수제 짜조 2PCS 8,000 / 3PCS 11,000
새우와 돼지고기의 조화. 베트남 전통 느억짬 소스를 곁들인 크리스피하고 육즙 넘치는 베트남식 수제 만두튀김

탄산음료 SODA

COKE 3,000
코카콜라

COKE ZERO 3,000
제로 코카콜라

SPRITE 3,000
스프라이트

남박 스페셜티 NAMPARK SPECIALTY

홈메이드 딸기우유 4,000
매장에서 직접 담근 생딸기 수제청으로 만든 달큰한 딸기우유!

홈메이드 오렌지주스 6,000
생 오렌지, 귤, 라임을 갈아 넣어 시원한 식감이 매력있는 상큼한 주스

코코음료 6,000
달달고숩한 밀키함이 얼큰해진 입을 부드럽게 감싸주는, 얼큰 국수와 페어링을 추천!

까페 스어다 CAPHE SUA DA 6,000
아이스 베트남 연유 커피

알코올 ALCOHOL

333 맥주 6,000
베트남 국민 맥주! 청량감이 필요할 때!

SAIGON EXPORT 7,000
베트남 사베코 브루어리 라거 맥주

잔술 2,000
누룽지 사탕, 아침햇살 같기도 거기에 톡 쏘는 알코올 기운이. 베트남식 소주 넵머이

ALL-TIME FAVORITE!

남박 당근라페 6,000

꺼거 삼각지 본점

- 화려한 요소들로 중국의 다채로움을 표현
  └ A4, 가죽 링 바인더에 사용

Side & Dish

Side & Dish

1 오이무침 7,000
Smashed Cucumber with Special Sauce
새콤, 매콤, 달콤한 양념 조합으로 완벽 삼대의
멈출 수 없는 오이무침

2 춘권 8,000
Spring Rolls with Special Sauce
야채를 넣어 담백하면서도 바삭 촉촉한
중국식 일반형 튀김과 특제 소스

3 마파두부 16,000
Mapo Tofu
고소하고 부드러운 두부를 칼칼 얼큰 칼소스,
산초가루와 고추기름으로 맛을 더한 리 마파두부

4 꾸아로우 22,000
Fried Pork with Sweet & Sour Sauce
그 양기 새콤달콤하여 누군들 있어도 돼지 튀어
짤깍짤깍 남겨오는 광동식 탕수육

5 크림 중새우 9pcs / 8pcs 13,000 / 19,000
Fried Shrimp with Cream Sauce
통통한 새우를 바사하게 튀겨 담긴 가득 고소, 달콤한
한 줄 빠진 제본으로 삼겹멸들 더한 크림 새우

6 건두부 무침 7,000
Dried Tofu and Cucumber with Special Sauce
고소한 두부 맛과 상큼으로 연씩 식감 아삭한 야채를
함께 얼버무려 씨익는 짜른 맛에 담긴 음식

7 칠리 중새우 9pcs / 8pcs 13,000 / 19,000
Fried Shrimp with Chili Sauce
매콤새콤 칠립잘 나는 리거 스페셜 칠리 소스와
바사하게 튀겨낸 오동통한 새우의 만남

8 오향닭 6조기 13,000 / 19,000
Fried Five Spice Chicken
겉을 바사하게 튀겨낸 닭고기와
새콤달콤 오이 샐러드를 함께 먹는 치킨 요리

9 바지락 볶음 19,000
Stir-Fried Clams with Spicy Sauce
풍요한 바지락에 매운과 생강의 감을 톡톡 달겨
적당한 칼칼 짭쪼롬한 매콤으로 짜릿한 HK식 바지락 볶음

Rice & Noodles

Rice & Noodles

10 원앙 볶음밥 15,000
Fried Rice with Red & White Sauce
돼지고기와 화이트소스, 새우와 화이트소스,
두 가지 소스를 볶음밥에 얹어 먹는, 리거 스페셜 메뉴

11 치킨 라이스 14,000
Fried Chicken with Rice
치통 바삭하게 익혀를 넣어 삶아낸 닭고기를 리거
특제 소스를 곁들인 HK식 치킨 라이스

12 미니 계란 볶음밥 7,000
Mini Egg Fried Rice
살살한 야채, 토실보실한 계란, 고슬고슬하게
볶여낸 입맛인, 파격적인 식감의 계란 볶음밥

13 중화 비빔밥 14,000
Chinese Bibimbap with Pork & Squid
매콤달콤 소스, 야채, 돼지고기, 오징어를 함께 볶아
식사로도, 안주로도 손색이 없는 리거도 중화 비빔밥

14 중국식 자장 미엔 13,000
Mixed Noodles with Black Bean Sauce
돼지고기 듬쑥 들어간 감칠난 리거 특별 장소스,
쫄깃한 면발에 비벼 먹는 중국식 자장 미엔

15 깨장 치킨 미엔 14,000
Mixed Noodles with Chicken & Sesame Sauce
광동식 치킨과 생 치즈도 톡,
주방장의 특별한 깨장 소스를 곁들인 비빔국수

16 쏸라펀 15,000
Sour & Spicy Noodles with Chicken Soup
새콤 새콤한 맛에 땡칼이 절묘한 닭 육수,
다진 돼지고기와 쫄깃한 당면을 함께 먹는 중탕 요리

17 돼지고기 볶음면 15,000
Stir-Fried Noodles with Pork & Radish Leaves
간불 양념으로 볶아낸 고기에 열무에 연기를 입힌 뒤
생면에 얹어 먹는, 마성의 돼지고기 볶음면

18 소고기 볶음면 18,000
Stir-Fried Rice Noodles with Beef & Vegetables
넓고 짤깃한 쌀국, 야채, 소고기를 함께 볶아내어
달짝지근 은은한 난앙풍을 풀어낸 광동식 볶음면

19 닭고기 볶음면 15,000
Stir-Fried Noodles with Chicken & Bac Choy
청경채와 치킨, 레고노들을 함께 버무려낸
달콤새콤 쫄깃한 맛에 입맛이 쫄깃한 HK식 볶음면

키보 신사점

- 일본 재즈 LP판과 음식점에서 영감을 받음
- 600x300mm, 펼쳐볼 수 있음

일본의 오래된 식문화 재즈 킷사.
1960년대에 신주쿠에서 많은 가게들이 나타나기 시작했고 커피부터 파르페, 푸딩과 같은 디저트는 물론 샌드위치, 스파게티 등 식사까지 즐기며 대중적인 식문화로 자리를 잡았습니다.

역시나 많은 사람들이 커피 한 잔 또는 술 한잔 곁들이며 음주를 삼아 하루하루를 푸근하게 보내봤었습니다.

키보는 음식과 술 그리고 음악이라는 매개로 다양한 문화와 사람들이 교류할 수 있는 사랑방 같은 장소가 되길 바라며 동신 키보 타치노미에 이어 재즈 킷사를 선보입니다.

오늘도 고생 많으셨습니다. 모두 간바레, 간빠이!

焼酎 쇼츄

'쇼츄'란 고구마, 보리 등을 발효시킨 증류주. 국내 화요 또는 일품진로 같은 주류. [80ml/쇼츄하이]

芋焼酎 고구마 쇼츄

세키토바
12,000 / 10,000
고구마 소츄 처럼 도시노분들에게 강추! 순할, 부드러운 단맛,심플한 고구마향 일본 젊은 층 사이에서 인기가 많아요.
*세키토바 = 적토마

다이아에
10,000 / 9,000
황숙된 고구마를 사용하여 풍요로운 고구마 향을 지니고 있어요. 고구마 뿌리&끝 향이 은은하게 퍼져지는 다가오며 끝으로 갈수록 달콤한 러치향 풍풍. 소다를 첨가하여 드시면 향이 증폭된답니다.

모니에
12,000 / 10,000
숯불에 구운 고구마를 사용하여 군고구마 향이 나는 것이 특징입니다. 가볍고 깔끔한 피니쉬.

아에자쿠라
10,000 / 11,000
미야자키산 백고구마 미야자키산 쌀로 직접 만든 백누룩을 이용하여 5년간 숙성한 쇼츄. 깊은 고구마 향과 풍부한 감칠맛, 부드러운 목넘김과 마지막에 남는 여운이 킥!
*군고구마 맛

麦焼酎 보리 쇼츄

히토츠부노무기
10,000 / 9,000
부드러운 보리 향, 은은한 단맛에서 오는 감칠맛까지.

비교적 드라이하게 깔끔하게 마무리 하기에도 제격!
*히토츠 부노무기 = 한 톨의 밀알

아오카게
12,000 / 10,000
묵직한 깊이감이 있는 친구. 보리의 구수함이 주는 농후한 맛을 느끼보세요! 보리 소츄 업푸지들에게 강추. 키보 보리 소츄 라인업 중 제일 노멀한 녀석.

코후 쿠로우
10,000 / 9,000
볶은 보리를 사용하여 순간 느껴지는 조리풀맛. 입에 머금은 첫 순간은 살짝 달콤하게, 목 넘김때 고소함을 느낄 수 있어요!
*볶은 보리

엔마
10,000 / 9,000
오크통 숙성을 거쳐 풍기는 오크향과 보리의 부드러운 단맛이 특징. 일본 현지에서는 엔마를 베이스로 한 하이볼을 만들 정도로 소다와의 궁합도 좋음. 평소 위스키를 좋아하신다면 컴온.
*오크통 숙성

米焼酎 쌀 쇼츄

센게츠
10,000 / 9,000
부드러운 보리 향, 은은한 단맛에서 오는 감칠맛까지. 비교적 드라이한 녀석이라 깔끔하게 마무리하게에도 제격!
*히토츠 부노무기 = 한 톨의 밀알

아사히
10,000 / 9,000
최초의 흑당소츄 양조장에서 생산. 흑당의 구수함과 깨끗한 단맛이 그윽하게 다가와요. 피니쉬에서 느껴지는 고급진 단맛을 경험해보세요~
*코쿠토소츄 = 흑당소츄

핫카이산
12,000 / 10,000
밭호 도종 술지게미(술찌꺼기)를 첨가하여 은은한 긴조주(정미도 60% 이하)를 형상해요! 한국의 증류식 소주과 비슷한 녀석.
*술지게미 첨가

쿠메센30
10,000 / 9,000
가장 전통적인 쿠메오키나와(일본에서 가장 오래된, 쌀 증류주 오키나와 전통 술) 맛을 추구. 풍부한 향과 향이 있는 맛의 밸런스가 특징! 묵직해요.
*아와모리(자스민 라이스)

진짜팝팩
10,000 / 9,000
아와요리 중 가장 대중적인 친구. 풍부한 향과 향이 있는 맛의 밸런스 가 좋아요~
*아와모리(자스민 라이스)

日本酒 사케

오직 쌀과 누룩, 물만을 사용해서 만든 사케에는 '純米(준마이: 순미)' 라는 말이 앞에 붙는다.

카라쿠초 카라구치 준마이
13,000
부드러운 감칠맛과 알콜의 여운이 맴돌면서 약간의 드라이. 단맛에 밸런스가 좋아요.

코조노시즈쿠 준마이
10,000
투명한 맛과 깔끔한 마무리가 특징. 미끄곤 흑은 따뜻하게 음용할 때 향이 더욱 풍풍!

키슈호마레 준마이
10,000
콜내음과 상쾌한 감칠맛이 일품이며 밸런스 좋은 산도. 산뜻한 누룩향과 경쾌한 목넘김! 넓은 주류로 다양한 요리와 궁합이 오픈- 사케 초보자들에게도 강추!

아카루 준마이
18,000
열대과일을 즐기는 듯한 화사한 향&풍미, 가벼운 달콤함과 약간의 기분 좋은 산미! 경쾌하면서 즐기세. 다양한 타입으로 즐길 수 있는 사케.

반슈미끈 초가라 준마이
13,000
한 모금 마신 뒤 기분 좋게 다가오는 산미, 피니쉬까지 매끄럽게 푸욱! 코조노시즈쿠와 같이 다양한 온도 감으로 즐길 수 있는 친구.

하기노츠루 준마이
15,000
아와요리 중 가장 대중적인 친구. 풍부한 향과 같이 있는 맛의 밸런스 굿~

暖かい酒 온사케

키보 아즈캉
8,000
코조노시즈쿠 / 고젠슈 선택 가능

カクテル 키보 칵테일

'사와' 란 과즙/소다수 등에 술을 섞은 음료를 통칭하는 일본식 표현. [100ml]

레몬 사와 11,000

쿠리(밤) 사와 13,000

유즈 사와 10,000

우메슈(매실) 사와 11,000

잔파시쿠와사 12,000

쿠로 카시스 11,000

후루후루 망고 11,000

우롱하이 9,000

밀차 진토닉 12,000 NEW

석류 밀크슈 락텔징 13,000 NEW

プレミアム 프리미엄

쿠메센40
10,000
풍부한 맛과 부드러운 맛. 도수 40도의 편치력! 온더락 또는 탄테링(칼피스 믹스) 드시면 파라입니다.

쿠메센40 블랙
13,000
최상급 원주만을 모아 5년 이상 숙성한 원액을 담아 내었어요. 질은 풍미와 진한 맛을 그대로 간직하며, 장기 숙성을 통해 아와모리 특유의 거친 느낌을 차분하게 억제하면서 그 기품까지 더해진 프리미엄.

토로센 카루사구라
13,000
부드러운 핏맛과 함께 깔끔하고 드라이한 마무리. 온더락은 둘고고 달콤하며 단단한 반면, 물과 섞여 마시면 부드럽게 마실 수 있습니다.

자쿠운바루 42
15,000
인간관계나 애정운의 상승을 기원하여 만든 술. 바로 오늘이겠죠? 특유의 깔끔하고 시크한 맛이 특징! 화이트 오크 숙성추 다운 부드러운 바닐라의 풍미가 좋아요.

호오비덴 J-SAKE
21,000
9년간 숙성을 통해 아름다운 호박색을 띄우며 바닐라, 견과류의 너티함을 연상케하는 향을 시작으로 앙조주와 증류주의 절묘한 블렌드드의 향연!

ハイボール 하이볼

짐빔 하이볼 8,000

메이커스 하이볼 12,000
탄산수 / 토닉 / 진저 선택 가능

오쿠토센 하이볼 10,000
탄산수 / 토닉 / 진저 선택 가능

산토리 하이볼 8,000

산토리 수어진 하이볼 9,000

라프로익 10y 하이볼 17,000

ビール 맥주

아사히 [생] 5,000 작은 잔 / 9,000 큰 잔

오키나와 [생] 9,000

기린 [병] 7,000

토마토 맥주 8,000　　NEW

양맥 6,000

쇼맥 7,000

　◈ 표시 되어 있는 쇼츄에서 선택

ウィスキー 위스키 [30ml]

발베니 12y 16,000

클라세 아줄 레포사도 [데킬라] 30,000

히비키 하모니 17,000

히비키 하이볼 19,000

야마자키 12y 28,000

야마자키 하이볼 30,000

ワイン 스파클링 와인 [잔]

레몬피치 10,000

이탈리아 프로세코 10,000

ノンアルコール 논알콜

레몬피치 스파클링 와인 10,000

진저비어 7,000

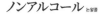

食べ物 음식

이용 시간 18:00 ~ Last Order

【 1차 가기 전...출출하다면 】

아끼교자 焼き餃子 4개 6,000 / 8개 11,000

치킨 가라아게 からあげ 9,000

칼집 소시지 ソーセージ炒め 8,000

소금 누룩 돼지고기 볶음 豚肉炒め 12,000

아키소바 焼きそば 12,000

명란 참치마키 明るいマグロ細巻き 12,000

오므라이스 オムライス 10,000

쇼가야키 [돼지고기 생강구이] 生姜焼き 10,000

푸실리 나폴리탄 [Cold] ブシリナポリタン 7,000

【 2차 후...가볍게 즐기고 싶다면 】

오이무침 ピクルス 6,000

채소구이 野菜焼き 7,000

참치 사시미 マグロサシミ 10,000

참치 타다키 マグロたたき 13,000

유자 토마토 사라다 ゆずトマトサラダ 8,000

토마토 사시미 トマトサシミ 5,000

감자 사라다 ポテトサラダ 7,000

감자 튀김 フライドポテト 7,000

참치 일품 소로리 あかみ 14,000

아게다시도후 [강릉 일동 두부] あげだしどふ 9,000

소프트 쉘 크랩 カニフライ 14,000

에비후라이 エビフライ 9,000

닭껍질 鶏の皮 9,000

特別 키보 제즈 킷사 스페셜

이용 시간 16:00 ~ 18:00

타마고 산도 タマゴサンド
7,000
부드러운 계란과 직접만든 양파 베이컨 잼을 이용한 일본 샌드위치.

소세지 토스트 ソーセージトースト
9,000
빵 위에 커리소스와 푸실리를 곁들인 소세지 토스트.

기본 토스트 トースト
3,500
잼, 버터를 발라서 먹는 가장 기본적인 토스트.

파르페 딸기 / 초코 トースト イチゴ / チョコ
8,000
[딸기] 그래놀라, 요거트, 딸기잼, 아이스크림 등이 켜켜이 쌓인 디저트.
[초코] 팩스, 초코시럽, 바나나, 생크림 등이 올라간 꾸덕한 디저트.

체리콕 チェリーコーク
6,000 / 8,000 [알코올]
체리청에 콜라, 모두가 아는 그 맛! 위스키를 넣어 칵테일처럼 마셔도 좋아요.

메론 소다 メロンソーダ
6,000
메론 시럽+탄산수 위에 아이스크림이 올라간 일본 대표 음료.

코이시소우 소다 恋しそうソーダ
7,000
붉은 차조기 [식물] 리큐르로 만든 소다! 시소 맛이 강하지 않고 상큼해 달콤한 아이스크림과 잘 어울려요.

샤케라또 ICE シェケラート
5,000
에스프레소와 얼음을 이용해 만든 커피. 시럽이 들어가 약간 달콤하게 마시기 좋아요.

블랙 커피 HOT アメリカーノ 4,000

사랑이 뭐길래 신용산 본점

- 2000년대에 유행했던 문자 방식,
  그리고 필름으로 찍은 남산 타워 사랑의 자물쇠
  사진을 넣어 그시절 분위기를 살림
  ㄴA3, 4단 접지

White Wine

알렉스 갑발 샤샤뉴 몽라쉐 프리미에 크뤼 모조 샤르도네 2018	300.0
흰 꽃의 아로마, 실크같은 짜님감, 버터, 바닐라의 향과 함께 높은 산도를 유지. 좋은 여운을 가지며 솔직한 미네랄로 짤끔하게 마무리.	
도멘 크리스티앙 벨랑 뫼르소 2021 샤르도네	220.0
백쿠류앙, 버터, 헤이즐넛, 오크, 바닐라..! 부드러운 바디와 섬세한 산도.	
도멘 푸르통 레 가스네 생또방 프리미에 크뤼 샤르도네	180.0
밸런스, 여운, 복합미를 갖춘 사랑이 뮈갈래 매니저의 1픽 와인.	
르 피통 상세르 소비뇽블랑	150.0
나무랄 데 없는 웰메이드 소비뇽블랑의 정석.	
프랑수아 빌라르 꽁뜨르 드 드뱅상 비오니에	140.0
와인의 꽃향기 무엇인지를 느낄 수 있는 와인. 온도가 올라갈수록 꽁, 버터, 오크향이 올라오네.	
아이리 에스테이 샤도네이 2020	140.0
잘 익은 레몬, 오크, 버터, 바닐라, 캠포롬한 미네랄 마무리.	
도멘 브뽕 샤뵬리 샤르도네	120.0
레몬향과 더불어 향기로운 흰 꽃 아로마, 스틸탱크 숙성을 통한 신선한 산도로 파실미!	
도멘 발랑 상세르 소비뇽블랑 2020	97.0
선선한 날씨에 어울리는 적당히 무게감 있는 소비뇽블랑.	
라피스 루나 샤도네이	85.0
잘 익은 파인애플, 바닐라를 묻힌 토스트! 오렌지껍질의 귀여운 쌉쌀함을 찾아보세요!	
레 쉐 생트 앙투완 게뷔르츠트라미너	80.0
열대과일열에 대해 풍부한 장미향 달콤한 느낌.	
피터 메르데스 트래디션 카비넷 리슬링	76.0
과일향과 꿀향, 가벼운 달콤함과 어울리는 밸런스 좋은 산도! 너무 스윗트한건 싫고 너무 드라이한건 싫을 때!	
빌라 마리아 프라이빗 빈 소비뇽블랑	74.0
햇 빛 쨍쨍한 날씨에 한강에서 마시고 싶은 예쁜 소비뇽블랑.	
르 레프리	74.0
신선한 꽃향, 윤내음이 잘 표현된 라이트한 이탈리아 와인.	
오이노스 피노그리지오	73.0
청사과, 자몽 정량한 과일향과 쌉조롬한 미네랄 피니쉬.	
샤또 레 베르니유	72.0
데일리로 마시기 좋은 말끔함, 구조감도 좋아요!	

Red Wine

고기 애린 피노누아	300.0
커트 러셀이 만드는 피노누아, 말린 베리류, 검, 검소향까지..!	
플레트 메를로	250.0
맛있는 와인이 먹고싶은데 무거운게 싫을 때! 과실 향과 매끄러운 타닌. 이거 매출로!	
카밀리아노 브루넬로 디 몬탈치노 2016 산지오베제그로쏘	250.0
토스카나 최고의 때로 빛알어지는 2016 빈티지, 풍부한 블루베리, 블랙체리와 더불어 타닌, 롱미, 구조감, 바디감 빠지는게 없는 와인. 꼭 드셔보세요..!	
프라텔리 폰테 바롤로 2016 네비올로	170.0
딸기, 체리 등 레드베리류의 향과 감미양, 토바코, 가죽, 초흥행 오크향이 좋은, 파워풀하면서 밸런스 좋은 바롤로.	
끌로 생 장 샤또 네프 뒤 빠쁘	160.0
농밀한 블랙베리, 가죽, 흙, 열리는 시간이 걸려요... 열려라 함께!	
르 뤼 에밀리앙	148.0
새콤달콤한 라즈베리, 산뜻한내추럴, 무겁지 않아요!	
알뱅 기야 마르사네 레 쥬느니에로 피노누아	135.0
피노의 가벼운 팔레트가 어려운 사람들에게 딱 맞는 피노누아.	
아테네옴 까베르네 소비뇽	110.0
잘 익은 체리 혹은 블랙베리, 풍부한 오크향과 충분한 타닌.	
불랑 갈라레타 리오하 템프라니요	90.0
짙은 다크체리 컬러, 부드러운 타닌과 함께 감초향이 숨어있어요!	
몽므쌍 블릭리 가메	89.0
숙성이 가능한 가메와인을 만드는 10개의 보졸레크뤼중 하나인 블뢰이, 라즈베리, 제라늄미와 더불어 부드러운 타닌감. 여름에도 마실 수 있는 레드!	
만자아카네 키안티 클라시코 2018	82.0
산지오베제특유의 산미와 체리 향이 어우러지며 오크, 커피, 바닐라, 가죽향까지 키안티를 좋아하시는 분이라면 누구나 좋아할만한 와인!	
장 루이 샤브 몽꼬르	79.0
풍부한 향과 모난 구석없는 친구.	
포바인 올드바인 진판델	78.0
잘 익은 블루베리, 과실향 쨍쨍, 부드럽고 달콤한 과실미가 좋다면...!	

Sparkling

폴 쉐노 까바 브뤼 리제르바 밀레짐 20	
꿀과 말린 허브향에 따뜻 특유의 경쾌한 바블감	
도멘 데 에르보쥬 루미네상스 브뤼	
살벳한 사과, 열대 과실, 흰 꽃 아로마와 이스트	
이까르디 모스트 비앙코 모스카토	
과하지않은 은은한 탄산감, 모스카토 특유의 당도와 균형감있는 산미가 좋은 와인.	
폴 드 코스트 블랑 드 블랑	
레몬, 청사과, 헤이즐넛, 가성비 좋은 스파클링!	

Champag

프랑크 파스칼 플렉상스 브뤼 나뛰르	
잘 익은 살구, 꿀, 사과 파이, 베샤 바삭한 바블	
베르나르 레미 브뤼 블랑 드 누아	
이주아망, 서양배, 얕은 꽃 향기, 산미와 과실양	

Non-Alco

피버트리 진저비어	
탄산수	

♥우리는 모두 바라6에고 이별합니다. 수많은 바람들과 ㅁ같ㄴ고 이별(해여 살ㅇㄱㅏ는 그런 슬픔 속에ㅣㄷ 슬픔 노@H♫ 슬픔이란 끝없이 ㅈ독해지ㅁㅇ은 않습니다. ㄱ

사랑이메컨다
Seol Club

What the hell is love

Dishes

한우 타르타르	
모시 조개 술찜 *new!*	
성게알 치자국수	25.0
일본이모가 싸주던 참치김밥	25.0
광어튀김	25.0
팍치 무앙(태국식 항정살구이) *new!*	25.0
새우만두와 레드커리 with 로띠	23.0
치킨, 파르팔레 그린 커리(파스타) *new!*	23.0
태국st 등갈비 구이	23.0
라이스 케이크에 싸먹는 분짜	21.0
모닝글로리 볶음	21.0
미디예 돌마(터키식 홍합밥) *new!*	21.0
어란 사시미	16.0
자몽이 뭐길래	15.0
블랙소스와 참치 사시미	12.0
크림치즈 with 루바브콩포트(디저트)	10.0

| 원산지 표기판 |
광어튀김 / 광어 / 국산
한우 타르타르 / 쇠고기 / 국내산(한우)
일본이모가 싸주던 참치김밥 / 쌀 / 국산
팍치 무앙(태국식 항정살구이) / 항정살 / 칠레
치킨, 파르팔레 그린 커리 / 닭가슴살 / 국산
태국st 등갈비 구이 / 돼지 등갈비 / 스페인
라이스 케이크에 싸먹는 분짜 / 목연지 / 미국

| 안내 |
알려지 있으신 분들은 직원분에게 문의 해주세요!
메뉴에 대한 자세한 설명은 QR을 확인해주세요.

- 베트남 현지 음식점에서 흔히 볼 수 있는 투박하지만
  질서있는 메뉴판을 모티브로 제작
  ㄴA4, 책받침 코팅에 링 고리

28 - 30 Thủ Khoa Huân, Phường Bến Thành, Quận l, Thành phố Hồ Chí Minh

MENU

Cơm bình dân **GOODSON**

Món gỏi đu đủ

그린 파파야, 라임, 땅슈가, 피쉬 소스의 조화.
새콤함, 달콤함, 짭조름함과 고소함을
한 입에 느낄 수 있는 베트남식 겉절이.
파파야 샐러드

8,000

Cơm sườn

숯불에 구운 돼지갈비, 채소, 계란 후라이를
느억맘 소스와 함께 즐기는
달콤 짭조름한 베트남식 돼지갈비 덮밥
껌 승

15,000

Bánh mì

그릴에 구운 분짜 고기 완자, 신선한 채소와 허브,
베트남 전통 절임을 곁들여 먹는
겉은 바삭, 속은 촉촉한 사이공 스타일 반미.
반 미

9,000

Bún riêu

소고기 육수와 진한 마라향의 조화.
상큼한 토마토와 함께 먹는
굿손표 토마토 쌀국수.
토마토 쌀국수

9,000

 **GOODSON**

용리단길 요리사 남준영

초판 1쇄 인쇄 2024년 1월 22일
초판 1쇄 발행 2024년 1월 30일

지은이	남준영
발행인	손은진
개발책임	김문주
개발	김민정 정은경
제작	이성재 장병미
마케팅	엄재욱 조경은
디자인	여만엽

발행처	메가스터디(주)
출판등록	제2015-000159호
주소	서울시 서초구 효령로304 국제전자센터 24층
대표전화	1661-5431 (내용 문의 02-6984-6892 / 구입 문의 02-6984-6868,9)
홈페이지	http://www.megastudybooks.com
원고투고	메가스터디북스 홈페이지 〈투고 문의〉에 등록

ISBN 979-11-297-1154-0 03320

메가스터디BOOKS

'메가스터디북스'는 메가스터디(주)의 출판 전문 브랜드입니다.
유아/초등 학습서, 중고등 수능/내신 참고서는 물론, 지식, 교양, 인문 분야에서 다양한 도서를 출간하고 있습니다